講談社 火の鳥 伝記文庫

不屈《ふくつ》の発明王《はつめいおう》
エジソン

崎川範行《さきかわのりゆき》 文
GORIO《ゴリオ》21 絵

はじめに

頭《あたま》の大《おお》きないたずらっ子《こ》。
けれど、それはただのいたずらではなく、
さかんな好奇心《こうきしん》のかたまりでした。
小学校《しょうがっこう》を途中《とちゅう》でやめたエジソンが、
どうして、
「メンロパークの魔術師《まじゅつし》」
そういわれるようになったのでしょうか。
電灯《でんとう》・蓄音機《ちくおんき》・映画《えいが》・蓄電池《ちくでんち》からタイプライターまで、
一生《いっしょう》のあいだにとった特許件数《とっきょけんすう》1000以上《いじょう》。
そのすばらしい発明《はつめい》の数々《かずかず》は、
「天才《てんさい》とは1パーセントのひらめきと、

99パーセントの努力《どりょく》である。」
というエジソンの言葉《ことば》どおり、
たえまない観察《かんさつ》と実験《じっけん》、
失敗《しっぱい》と努力《どりょく》の積《つ》みかさねによって、
なしとげられたのです。
このことは、もうひとつのエジソンの言葉《ことば》、
「わたしの生《い》きがいは、はたらくことである。
自然界《しぜんかい》の秘密《ひみつ》をさぐりだして、
人類《じんるい》の幸福《こうふく》のために役立《やくだ》てるのだ。」
が、すべてを語《かた》っています。
発明《はつめい》・発見《はっけん》の時代《じだい》、
エジソンとそのライバルたちの
未来《みらい》への挑戦《ちょうせん》が始《はじ》まります。

もくじ

3 人《じん》類《るい》のために

4 世《せ》界《かい》の偉《い》人《じん》

1　天才《てんさい》のめばえ

世界《せかい》を明《あか》るくした人《ひと》

うす暗《ぐら》い実験室《じっけんしつ》。実験台《じっけんだい》の上《うえ》の小型《こがた》の電気炉《でんきろ》のそばで、ひくくうなっているモーター。天井《てんじょう》からつるされた、炭素《たんそ》フィラメント〔1〕の電球《でんきゅう》の赤《あか》っぽい光《ひかり》。その光《ひかり》が、今年《ことし》62歳《さい》のエジソンの白髪《はくはつ》を、ぼうっと、てらしています。

エジソンは、指先《ゆびさき》につまんだ、髪《かみ》の毛《け》のように細《ほそ》いタングステン〔2〕線《せん》を、光《ひかり》にかざして、

「ふうん……これがねえ。」

〔1〕電球《でんきゅう》の中《なか》で光《ひか》る細《ほそ》い線《せん》。〔2〕熱《ねつ》に強《つよ》く、さびない金属《きんぞく》。

耳《みみ》の遠《とお》いエジソンに、顔《かお》を近《ちか》づけて説明《せつめい》しているのは、クーリッジ博士《はくし》です。

「このタングステンのフィラメントで、先生《せんせい》が発明《はつめい》された電灯《でんとう》が、いよいよ世界《せかい》をほんとうに明《あか》るくするのです。」

「電球《でんきゅう》は、炭素《たんそ》電球《でんきゅう》で終《お》わりかと思《おも》っていたのに、こんな細《ほそ》いタングステンのフィラメントができるとは……。よく、がんばったものだ。」

クーリッジ博士《はくし》は、実験台《じっけんだい》に近《ちか》よってスイッチを入《い》れました。

「おお！」

エジソンのおどろきの声《こえ》です。台《だい》の上《うえ》のタングステン電球《でんきゅう》が、ぱっと白《しろ》い光《ひかり》を投《な》げたのです。

クーリッジ博士《はくし》の手《て》をにぎりしめたエジソンの目《め》には、なみだが光《ひか》っていました。

三十数年間《すうねんかん》、考《かんが》え、研究《けんきゅう》してきた電球《でんきゅう》の改良《かいりょう》を、この青年《せいねん》はいま、りっぱに完成《かんせい》させてくれたのです。

「先生《せんせい》の数《かぞ》えきれない発明《はつめい》のひとつひとつは、いずれこの電球《でんきゅう》のように発達《はったつ》するにちがいありません。あと10年《ねん》もしたら、地球《ちきゅう》は、『エジソンの地球《ちきゅう》』ということになりますよ。」

「いや、ありがとう。だが、あんまりおだてちゃこまりますよ。」

「ほんとうの話《はなし》ですよ、先生《せんせい》。ですが、わたしはつくづく思《おも》うのです。先生《せんせい》は、努力《どりょく》と根気《こんき》だ、とおっしゃるけれども、やっぱり、天才《てんさい》というか天分《てんぶん》というか、生《う》まれつきの才能《さいのう》がなければ、先生《せんせい》のような仕事《しごと》は、できないのではないかと。」

「そう言《い》われると、返事《へんじ》にこまるが……。」

考《かんが》えこんだエジソンの頭《あたま》の中《なか》に、子《こ》どものころの思《おも》い出《で》がうかびあがってきました。

小《ちい》さかったころのエジソンは、見《み》るものすべてがめずらしく、不思議《ふしぎ》に思《おも》われ、それらのものを、自分《じぶん》の手《て》でためしてみたくてたまらなかったのです。

5歳《さい》のころでした。エジソンは、あひるが鳥小屋《とりごや》の中《なか》で、卵《たまご》を温《あたた》めているのを見《み》ました。あひるの親《おや》にできるのなら、自分《じぶん》が温《あたた》めても、卵《たまご》をかえせるにちがいない……

そう考《かんが》えて、あひるの親《おや》に代《か》わってやってみました。

もちろん、大失敗《だいしっぱい》で、あひるの大事《だいじ》な卵《たまご》をつぶし、服《ふく》をべとべとにしてしまっただけでした。

またあるときは、火《ひ》がもえるということがひどく不思議《ふしぎ》で、物置小屋《ものおきごや》にしのびこんで、自分《じぶん》で火《ひ》をつけてみました。小屋《こや》は火事《かじ》になり、まる焼《や》けです。

こんな失敗《しっぱい》は、ほかにもたくさんありました。陶磁器《とうじき》の強《つよ》さをためそうとして、皿《さら》を何枚《なんまい》もわる。橋《はし》をかける実験《じっけん》をやって、川《かわ》に落《お》ちて死《し》にそうになる。製材所《せいざいしょ》の機械《きかい》をいじって、ひどいけがをする——。

こういたずらがはげしくては、だれだって、しようのない子《こ》だと思《おも》うでしょう。しかしエジソンは、いたずらで、したのではなかったのです。自分《じぶん》でためしてみることに、夢中《むちゅう》だったのです。そしてそれが、発明《はつめい》を生《う》みだす才能《さいのう》のめばえだったのです。

「才能《さいのう》！　そうだ、それはなんといっても、大切《たいせつ》なことだ……。」

と、エジソンはうなずきながら、クーリッジ博士《はくし》に答《こた》えました。

「みんな子《こ》どものころは、発明家《はつめいか》の卵《たまご》なんですよ。わたしの場合《ばあい》はね、母《はは》がその卵《たまご》を、ひじょうにうまくかえしてくれたんだと思《おも》いますね。」

エジソンは、どんないたずらをしても、お母《かあ》さんからしかられたことはありませんでした。もし、しかられてばかりいたら、役人《やくにん》か商人《しょうにん》になって安定《あんてい》した一生《いっしょう》を送《おく》ったかもしれないと、しみじみ思《おも》うのでした。

「それはそうと、きみはこのタングステン線《せん》を、どうやってこしらえたのですか？」

と、エジソンは、クーリッジ博士《はくし》にたずねました。

「先生《せんせい》も実験《じっけん》されたとおり、タングステンでフィラメントをつくったら、とても明《あか》るく、電気《でんき》を食《く》わない電球《でんきゅう》ができるのはわかっていたのですが、もろくて、すぐ折《お》れてしまう性質《せいしつ》から、細《ほそ》い線《せん》は引《ひ》けなかったわけです。わたしは、考《かんが》えられることは、すべてやってみました。そしてついに、水素《すいそ》の炉《ろ》の中《なか》で、棒《ぼう》の形《かたち》におしかためたタングステンに電流《でんりゅう》を通《とお》して高《たか》い温度《おんど》にしながら、ゆっくりと引《ひ》っぱる方法《ほうほう》を発見《はっけん》しました。そのあいだ、タングステンをまわり中《じゅう》から、たたいていくのです。」

「それまでに、どのくらい日数《にっすう》がかかりましたか？」

「4年《ねん》です。」

「4年間《ねんかん》も！　いや、たいした根気《こんき》だ。やっぱり、これはわたしの負《ま》けですよ。」

「いや、そうではありません。これは、エジソン流《りゅう》の勝利《しょうり》なのです。わたしは、エジソン流《りゅう》を、徹底的《てっていてき》に実行《じっこう》しただけです。」

「そうか、努力《どりょく》は発明《はつめい》の母《はは》だったね。はっはっは……。」

ふたりのわらい声《ごえ》が、タングステン電球《でんきゅう》にかがやく実験室《じっけんしつ》の中《なか》に、ひびきわたりました。［3］

［3］クーリッジ博士《はくし》は、エジソンが創立《そうりつ》した会社《かいしゃ》ゼネラル・エレクトリックの研究者《けんきゅうしゃ》。エジソンは、晩年《ばんねん》に、ゼネラル・エレクトリックの研究所《けんきゅうじょ》を何回《なんかい》かたずねて、白熱電球《はくねつでんきゅう》を製造《せいぞう》する過程《かてい》を見《み》ている。クーリッジ博士《はくし》は、電球《でんきゅう》の発明者《はつめいしゃ》としてエジソンを尊敬《そんけい》していたので、このような会話《かいわ》をしたかもしれない。

エリー湖《こ》のほとり

アメリカの北部《ほくぶ》とカナダとの国境近《こっきょうちか》くに、ミランという町《まち》があります。それは、五大湖《だいこ》のひとつ、エリー湖《こ》の近《ちか》くにあって、この湖《みずうみ》に注《そそ》ぐヒューロン川《がわ》にのぞんだ、広大《こうだい》な北《きた》アメリカ平野《へいや》の中《なか》の美《うつく》しい町《まち》です。

１８４７年《ねん》２月《がつ》11日《にち》、エジソンはこの町《まち》で生《う》まれました。吹雪《ふぶき》の舞《ま》う、ひどく寒《さむ》い日《ひ》だったといわれています。

生《う》まれたときのエジソンは、べつだん普通《ふつう》の赤《あか》ちゃんとちがったところはありませんでした。ただ、頭《あたま》がたいへん大《おお》きかったといわれています。このかわいらしい赤《あか》ちゃんに、両親《りょうしん》は、トーマス・アルバ・エジソンという名前《なまえ》をつけました。エジソンは７番目《ばんめ》に生《う》まれた末《すえ》っ子《こ》でした。けれども、エジソンが生《う》まれるまえに、３人《にん》のきょうだいが亡《な》くなっていました。

そのころミランは、北部《ほくぶ》アメリカの交通《こうつう》や商業《しょうぎょう》の中心地《ちゅうしんち》でした。おさないエジソンがいつも見《み》ていたのは、エリー湖《こ》に集《あつ》まり、エリー湖《こ》を出《で》ていく、たくさんの船《ふね》や旅行者《りょこうしゃ》や物資《ぶっし》でした。

そして、この地方《ちほう》も、有名《ゆうめい》なゴールド・ラッシュ――黄金狂時代《おうごんきょうじだい》をむかえました。太平洋側《たいへいようがわ》のカリフォルニア州《しゅう》で発見《はっけん》された金鉱《きんこう》を目指《めざ》して、何万《なんまん》という人《ひと》が、ほろ馬車《ばしゃ》に乗《の》って出《で》かけていったのです。その出発点《しゅっぱつてん》がミランだったのです。

ようやく３歳《さい》か４歳《さい》になったばかりのエジソンは、毎日家《まいにちいえ》の前《まえ》に立《た》って、遠《とお》い西《にし》の国《くに》をさして出《で》かけていくほろ馬車隊《ばしゃたい》を、ものめずらしそうに見送《みおく》りました。

まだ見《み》たことのない世界《せかい》にあこがれる好奇心《こうきしん》や、たくましい想像力《そうぞうりょく》が、どんなにか育《そだ》てられたことでしょう。

エジソン家《け》は、エジソンが生《う》まれるおよそ１２０年《ねん》ほどまえに、オランダからアメリカ大陸《たいりく》にわたってきました。

やがてアメリカは、イギリスの植民地《しょくみんち》になりましたが、独立戦争《どくりつせんそう》（１７７５～１７

83年《ねん》）によって、アメリカ合衆国《がっしゅうこく》が生《う》まれました。このとき、エジソンのひいおじいさんにあたるジョンは、どこまでもイギリス本国《ほんごく》に忠誠《ちゅうせい》をちかって、カナダへうつってしまいました。

ところが、今度《こんど》は、カナダで独立運動《どくりつうんどう》が起《お》こったのです。エジソンのお父《とう》さんにあたるサムエルは、ひいおじいさんと反対《はんたい》で、独立軍《どくりつぐん》に参加《さんか》しました。

しかし、カナダ独立軍《どくりつぐん》は負《ま》けてしまったので、サムエルは、カナダをのがれてアメリカにうつり、このミランの町《まち》に住《す》みついたのです。

信《しん》ずることのためには、親《おや》と子《こ》が、たがいに反対《はんたい》の側《がわ》に立《た》ってたたかう――この強《つよ》い意志《いし》をもった祖先《そせん》の血《ち》を、エジソンは受《う》けついだのです。

なかでも、ひいおじいさんのジョンは、意志《いし》だけではなく、その体力《たいりょく》もすばらしいものでした。エジソンが5歳《さい》になった年《とし》に、102歳《さい》で亡《な》くなったのですが、のちにエジソンが、幾晩《いくばん》もねずに発明《はつめい》に打《う》ちこめた超人的《ちょうじんてき》な体力《たいりょく》は、このひいおじいさんから受《う》けついだものにちがいありません。

エジソンが生《う》まれたとき、父《ちち》のサムエルは42歳《さい》、母《はは》のナンシーは37歳《さい》でした。カナダの牧師《ぼくし》の娘《むすめ》として育《そだ》ったナンシーは、たいへん教養《きょうよう》のある、りっぱな婦人《ふじん》でした。このお母《かあ》さんの教育《きょういく》がなかったら、発明王《はつめいおう》エジソンは生《う》まれなかっただろうといわれるほどで、エジソン自身《じしん》も、いつもそう語《かた》っています。

頭《あたま》が大《おお》きく、灰色《はいいろ》の髪《かみ》に青《あお》い目《め》をしたエジソンは、このお母《かあ》さんに似《に》ていたそうですが、ものごころがつくころになると、目《め》にふれるものすべてに、人《ひと》なみ外《はず》れた好奇《こうき》心《しん》をしめしはじめました。そして、そのきりのない質問《しつもん》は、大人《おとな》たちをこまらせてしまうほどでした。

お父《とう》さんは、屋根《やね》板《いた》工場《こうじょう》をやっていましたが、そこにはエジソンの大《だい》すきな機械《きかい》がなかったので、あまりよりつかず、もっぱら遠《とお》くの造船所《ぞうせんじょ》や、村《むら》の製材所《せいざいしょ》へ出《で》かけていきました。あきずに機械《きかい》をながめているうちはいいのですが、油断《ゆだん》すると手《て》を出《だ》してみたり、しつこく質問《しつもん》したりして、仕事《しごと》をしている職人《しょくにん》にうるさがられました。

小麦倉庫《こむぎそうこ》に入《はい》りこんで、小麦《こむぎ》を流《なが》す機械《きかい》に見《み》とれて、小麦《こむぎ》の山《やま》に生《い》きうめになりそうになったのも、製材所《せいざいしょ》の板《いた》を持《も》ちだして、小川《おがわ》に橋《はし》をかけようとして死《し》にかけたのも、物置小屋《ものおきごや》を焼《や》いたのも、このころです。

左手《ひだりて》の中指《なかゆび》に大《おお》けがをしたのも、このころです。皮《かわ》ひもを短《みじか》くしようとして、友《とも》だちに、おので切《き》らせたのですが、あやまって、おさえていた指先《ゆびさき》を切《き》られたのです。

お父《とう》さんのサムエルは、ため息《いき》のつき通《どお》しでした。

「まったく、とほうもないことばかりする。いったい、どういう子《こ》だろう……。」

でも、お母《かあ》さんは、このいたずらっ子《こ》には、なにか人《ひと》なみ外《はず》れた才能《さいのう》があると感《かん》じていました。だから、むやみにしかりつけることはしないで、うるさい質問《しつもん》にも、しんぼうづよく答《こた》えてやるようにしました。

エジソンは、記憶力《きおくりょく》もすばらしく、工場《こうじょう》の職人《しょくにん》が仕事《しごと》をしながら歌《うた》う歌《うた》など、すぐにおぼえてしまって、大人《おとな》たちをおどろかせましたが、この子《こ》が、人類《じんるい》の歴史《れきし》始《はじ》まって以来《いらい》の大発明家《だいはつめいか》になろうなどとは、だれひとりとして想像《そうぞう》もしませんでした。

お母《かあ》さんの教育《きょういく》

エジソンが7歳《さい》になったとき、一家《いっか》は、ミランからヒューロン湖《こ》のそばのポートヒューロンにうつりました。お父《とう》さんのやっていた製材《せいざい》や食料品《しょくりょうひん》の事業《じぎょう》が大《おお》きくなったので、新《あたら》しく鉄道《てつどう》の駅《えき》ができたポートヒューロンのほうが、便利《べんり》だったのです。

エジソンは、この活気《かっき》にあふれた町《まち》の小学校《しょうがっこう》に入学《にゅうがく》しました。ところが、たちまちのうちに、教室《きょうしつ》のやっかい者《もの》になってしまったのです。気《き》まぐれで、強情《ごうじょう》で、すきなことには夢中《むちゅう》になるくせに、きらいなことには見向《みむ》きもしないのです。

そのうえ、例《れい》の好奇心《こうきしん》から、時《とき》と場所《ばしょ》もかまわず、出《だ》しぬけに、ちょいちょい、先《せん》生《せい》が考《かんが》えてもいないような質問《しつもん》をしたりします。

ことに、算数《さんすう》の時間《じかん》はたいへんです。先生《せんせい》が、

「2足《た》す2は4。」

と教《おし》えます。すると、エジソンが、急《きゅう》に立《た》ちあがって、

「先生《せんせい》、どうして2と2を足《た》すと4になるのですか？」

「数《かぞ》えてごらんなさい。4になるでしょう。」

「でも、なぜ4にならなければいけないのですか？」

「わからない子《こ》ですね。2足《た》す2は4なのです。よくおぼえておおき！」

そんなわけで、エジソンは先生《せんせい》からすっかりきらわれてしまいました。そして、先《せん》生《せい》はとうとう、エジソンをだめな生徒《せいと》だと、決《き》めてしまいました。

こんなことが重《かさ》なって、ある日《ひ》、エジソンは、お母《かあ》さんに言《い》いました。

「……ぼく……もう学校《がっこう》へ行《い》かないよ。」

「まあ、急《きゅう》に、どうしたの？」

「先生《せんせい》がね、ぼくのことを、ばかだって言《い》うんだもの。そうして……。」

「そうして？」

「なにを聞《き》いても、よけいなことを聞《き》くんじゃないって、しかるんだもの。」

2+2=4

お母《かあ》さんは、じっと考《かんが》えこんでいました。自分《じぶん》も、昔《むかし》、学校《がっこう》の先生《せんせい》をしたことがあり、そういう教育法《きょういくほう》が、特別《とくべつ》の才能《さいのう》をもった子《こ》どもをみちびくのに、適当《てきとう》でないことをよく知《し》っていました。

「そう……。それではこれからは、お母《かあ》さんが先生《せんせい》になってあげましょう。その代《か》わり、一生懸命《いっしょうけんめい》勉強《べんきょう》するんですよ。」

「うん、ぼく、一生懸命《いっしょうけんめい》やるよ。ぼく、ばかじゃないもの、ね。」

こうして、学校《がっこう》をやめたエジソンは、家庭《かてい》で特別《とくべつ》の教育《きょういく》を受《う》けました。それはじつに思《おも》いきった教育《きょういく》で、まだ8歳《さい》か9歳《さい》だというのに、母親《ははおや》のナンシーが先生《せんせい》になって、ギボンの『ローマ帝国衰亡史《ていこくすいぼうし》』、ヒュームの『英国史《えいこくし》』、シアースの『世界史《せかいし》』、バートンの『憂鬱《ゆううつ》の解剖《かいぼう》』、『科学《かがく》の辞典《じてん》』といった、学者《がくしゃ》が読《よ》むようなむずかしい本《ほん》を読《よ》んだのです。

12歳《さい》になると、「万有引力《ばんゆういんりょく》の法則《ほうそく》」で有名《ゆうめい》なニュートンの『プリンキピア』という本《ほん》の勉強《べんきょう》を始《はじ》めました。そのなかに出《で》てくる数学《すうがく》は、先生《せんせい》のお母《かあ》さんでさえ、てこずるものでしたから、数学《すうがく》が苦手《にがて》なエジソンには、どうにも苦《くる》しいたたかいでした。数学《すうがく》といえば、電気学《でんきがく》の大家《たいか》ファラデーも、数学《すうがく》が苦手《にがて》だったといわれています。ですからエジソンは、ファラデーの、数式《すうしき》を使《つか》わない電気学《でんきがく》の本《ほん》を、たいへん愛読《あいどく》したということです。

エジソンは、歴史《れきし》や科学《かがく》の本《ほん》ばかりでなく、文学《ぶんがく》の本《ほん》もたくさん読《よ》みました。お父《とう》さんは、エジソンが小説《しょうせつ》を読《よ》むことをこのみませんでしたが、お母《かあ》さんは、小説《しょうせつ》はむしろ想像力《そうぞうりょく》をやしなうからと、大《おお》いに読《よ》ませました。

こうしてエジソンは、小説《しょうせつ》を通《とお》しても人生《じんせい》を学《まな》んだのですが、その小説《しょうせつ》のなかでも、フランスの文豪《ぶんごう》ビクトル・ユゴーのものがすきで、かれの本《ほん》だなには、『レ・ミゼラブル』などが、科学《かがく》や歴史《れきし》の本《ほん》といっしょに、いつもかざられていました。

お母《かあ》さんは、また、社会《しゃかい》ではたらくことの大事《だいじ》さも教《おし》えました。

ポートヒューロンのエジソン家《け》は、高《たか》い丘《おか》の上《うえ》にありました。お父《とう》さんは、その広《ひろ》い敷地《しきち》に、ヒューロン湖《こ》が見《み》おろせる塔《とう》をたてました。お客《きゃく》が、おおぜいきました。

お母《かあ》さんは、お父《とう》さんにお願《ねが》いして、その塔《とう》の番人《ばんにん》にエジソンを使《つか》ってもらい、入場料《にゅうじょうりょう》をとったり、お客《きゃく》を案内《あんない》したりする役《やく》をあたえました。

その後《ご》、お客《きゃく》がへって、この仕事《しごと》はやめてしまいましたが、エジソンは、はたらく楽《たの》しさをおぼえました。

（ようし、町《まち》で野菜《やさい》を売《う》ってみよう。）

はじめは、家《いえ》の畑《はたけ》でとれた野菜《やさい》を車《くるま》に積《つ》んで売《う》りあるいていましたが、やがて、近《ちか》くの農家《のうか》からくだものなどを仕入《しい》れて売《う》りさばくようになり、ついには、友《とも》だちをひとり、助手《じょしゅ》にやとって、八百屋《やおや》の店《みせ》を開《ひら》くまでになりました。おどろいたのは、両親《りょうしん》です。

「助手《じょしゅ》まで使《つか》って……。これが、まだ10歳《さい》やそこらの子《こ》どもの仕事《しごと》だろうか。」

「アルバは、1年《ねん》に600ドルはもうけてみせる、と言《い》ってはりきっていますのよ。」

「けっこうだ。大《おお》いにやらせるがいい。だが、勉強《べんきょう》のほうはだいじょうぶかな？」

「それは、だいじょうぶです。あの子《こ》の、科学《かがく》とか機械《きかい》などに対《たい》する興味《きょうみ》は、ますます強《つよ》くなっていくようですわ。ことに化学《かがく》に……。」

「ほう、化学《かがく》にね。」

「あの子《こ》の性質《せいしつ》として、本《ほん》で勉強《べんきょう》するだけでなく、ひまさえあれば実験《じっけん》しています。」

お父《とう》さんのサムエルは、その実験室《じっけんしつ》という地下室《ちかしつ》へ、そっと行《い》ってみました。

見《み》ると、大《おお》きなテーブルの上《うえ》に、実験器具《じっけんきぐ》や本《ほん》といっしょに、200本《ぽん》以上《いじょう》の薬《くすり》のびんがずらりとならんでいて、そのひとつひとつに、「毒薬《どくやく》」というレッテルがはってあります。

「へえ、毒薬《どくやく》とは……こりゃあ、どうもおそれいったな。」

サムエルが、そうつぶやいて、そのひとつをとりあげたところへ、野菜売《やさいう》りの助手《じょしゅ》が入《はい》ってきました。オーツという、エジソンより年上《としうえ》の少年《しょうねん》です。

「あ、それをいじってはいけません。アルバさんに、しかられます。」

「ああ、毒薬《どくやく》なんだね。で、こんなにたくさんの毒薬《どくやく》で、なにを実験《じっけん》するんだね?」

「いろいろです。このあいだは、体《からだ》を軽《かる》くして、うかせる実験《じっけん》をしました。」

「はあん、体《からだ》を軽《かる》くする実験《じっけん》？　いったい、どうするのだね。」

「ふくらし粉《こ》を、うんと飲《の》んで、水《みず》に入《はい》ったんです。」

「ふくらし粉《こ》を、アルバが飲《の》んだのかい？」

「いいえ、ぼくが飲《の》まされたんです。」

「そりゃあ、どうも……で、その実験《じっけん》は、成功《せいこう》したのかい？」

「だめでした。おなかをこわしたうえ、水《みず》の中《なか》につかりすぎて、かぜをひきました。」

サムエルは、ふきだしてしまいましたが、少年科学者《しょうねんかがくしゃ》エジソンは、真剣《しんけん》だったのです。そして、化学的《かがくてき》に物《もの》の性質《せいしつ》を知《し》るということが、のちの大発明《だいはつめい》に大《おお》きく役立《やくだ》つことになるのです。たとえば、化学《かがく》の実験《じっけん》から化学電池《かがくでんち》の知識《ちしき》を得《え》、その電流《でんりゅう》を使《つか》って実験《じっけん》しているうちに、電気《でんき》や電気器械《でんききかい》に大《おお》きな興味《きょうみ》をもつようになったのです。

ところが、化学実験《かがくじっけん》に夢中《むちゅう》になっているうちに、八百屋《やおや》のほうが、うまくいかなくなり、実験用《じっけんよう》の薬品《やくひん》や器具《きぐ》を買《か》うお金《かね》がとぼしくなってきました。

両親《りょうしん》は、実験《じっけん》のための費用《ひよう》なら、いくらでも出《だ》すと言《い》いましたが、エジソンは子《こ》ど

もながらに独立心《どくりつしん》が強《つよ》く、はたらきながら勉強《べんきょう》するのだと、がんばり、

「ぼく、鉄道《てつどう》の新聞売《しんぶんう》りをやるよ。」

と、にっこりわらいました。エジソンが12歳《さい》のときでした。

文明《ぶんめい》の花開《はなひら》く

エジソンが生《う》まれるまえの100年間《ねんかん》――それは、産業革命《さんぎょうかくめい》の時代《じだい》といわれますが、世界《せかい》の文明《ぶんめい》が、産業《さんぎょう》を中心《ちゅうしん》に大《おお》きな発達《はったつ》を始《はじ》めた時代《じだい》で、いくつもの大発明《だいはつめい》がありました。

ところで、どんなすばらしい発明《はつめい》でも、それが世《よ》の中《なか》に利用《りよう》されなかったら、ただ記録《きろく》としてのこるだけです。レオナルド・ダ・ヴィンチ（1452～1519年《ねん》）は、じつに多《おお》くの機械《きかい》を考案《こうあん》しましたが、そのころの社会《しゃかい》では、それらを使《つか》うまでにはいきませんでした。それが、1700年代《ねんだい》からの発明《はつめい》は、新《あたら》しい工業《こうぎょう》をさかんにするこ

となったのです。

産業革命《さんぎょうかくめい》は、ジョン・ケイの発明《はつめい》した、織物機械《おりものきかい》の「飛《と》びひ」に始《はじ》まったといわれます。1733年《ねん》のことです。1769年《ねん》には、ジェームズ・ワットの蒸気機関《じょうききかん》が発明《めい》されて、いろいろな機械《きかい》が自動的《じどうてき》にはたらきだしました。さらに1785年《ねん》、カートライトの自動織物機械《じどうおりものきかい》が生《う》まれて、イギリスを中心《ちゅうしん》に大工場《だいこうじょう》が発達《はったつ》していったのです。

発明《はつめい》された機械《きかい》をつくるためには、鉄《てつ》がたくさんいります。17世紀《せいき》までは、鉄《てつ》は砂《さ》鉄《てつ》から木炭《もくたん》を使《つか》ってつくられていたので、手間《てま》がかかり生産《せいさん》できる量《りょう》も少《すく》なく、値段《ねだん》もたいへん高《たか》かったのです。

ところが、18世紀《せいき》に入《はい》ると、イギリスでは、鉄鉱石《てっこうせき》から石炭《せきたん》を使《つか》って鉄《てつ》をつくる方《ほう》法《ほう》が発明《はつめい》され、鉄《てつ》が大量《たいりょう》につくられるようになりました。これで機械《きかい》がどんどんつくられ、工業《こうぎょう》がさかんになってきたのです。

このように、鉄《てつ》は工業《こうぎょう》のもとですが、この鉄《てつ》をつくるには石炭《せきたん》がいります。石炭《せきたん》をたくさんほりだすためには、炭坑《たんこう》を深《ふか》くほりさげなければなりません。深《ふか》くほると、水《みず》がたくさん出《で》るので、それをくみだすポンプと、ポンプを動《うご》かす力《ちから》がいります。

ワットの蒸気機関《じょうききかん》は、じつにこの炭坑《たんこう》の水《みず》をくみだすために考《かんが》えだされたのです。それがやがて、工場《こうじょう》の機械《きかい》を動《うご》かすことに利用《りよう》され、そして、１８０７年《ねん》に、フルトンはそれを使《つか》って蒸気船《じょうきせん》を発明《はつめい》し、それから７年《ねん》たった１８１４年《ねん》には、スチーブンソンが、やはり蒸気機関《じょうききかん》を使《つか》って、はじめて実用的《じつようてき》な汽車《きしゃ》をつくりだしました。

さあ、機械《きかい》の社会《しゃかい》です。機械《きかい》を動《うご》かすために、ますます石炭《せきたん》が必要《ひつよう》です。こうして、鉄《てつ》と石炭《せきたん》の文明《ぶんめい》が生《う》まれたのです。

製鉄《せいてつ》に石炭《せきたん》を使《つか》うときは、まず、石炭《せきたん》を蒸《む》し焼《や》きにして、コークスをつくります。そのとき副産物《ふくさんぶつ》として、石炭《せきたん》ガスとコールタールができます。

この石炭《せきたん》ガスで、ガス灯《とう》を考《かんが》えだしたのがマードックです。このガス灯《とう》は、エジソンが電灯《でんとう》を発明《はつめい》するまでの１００年近《ねんちか》く、もっとも明《あか》るい光《ひかり》として、都会《とかい》の夜《よる》にかがやきました。

また、コールタールからは、ベンゼンがとれます。このベンゼンをもとにして、染《せん》料《りょう》ができ、火薬《かやく》がつくられ、病気《びょうき》をなおす薬《くすり》がいろいろとつくりだされました。——化学工業《かがくこうぎょう》が発達《はったつ》しはじめたのです。

これが、18世紀《せいき》に起《お》こったヨーロッパの産業革命《さんぎょうかくめい》です。その結果《けっか》、どういうことが歴史《れきし》のうえで起《お》こったでしょうか。

ヨーロッパの国々《くにぐに》は、どんどん生産《せいさん》される品物《しなもの》を、どこかに売《う》らなければならなくなりました。ここに植民地《しょくみんち》を手《て》に入《い》れる競争《きょうそう》が始《はじ》まったのです。なかでもアメリカ大《たい》陸《りく》は、土地《とち》も広《ひろ》く、人口《じんこう》のはけぐちとしては、いちばんてきしていましたので、ヨーロッパの移民《いみん》たちが、ぞくぞくとアメリカ大陸《たいりく》へ送《おく》りこまれることになったのです。やがて起《お》こるアメリカの独立戦争《どくりつせんそう》やフランス革命《かくめい》［4］などという、18世紀《せいき》の終《お》わ

［4］１７８９〜１７９９年《ねん》。フランスで起《お》きた市民革命《しみんかくめい》。国王《こくおう》ルイ16世《せい》をたおし、王政《おうせい》を廃止《はいし》した。

り近《ちか》くをいろどる歴史上《れきしじょう》の大事件《だいじけん》は、こうした、鉄《てつ》・石炭《せきたん》・機械《きかい》が生《う》みだした産業革《さんぎょうかく》命《めい》によるものだといえるのです。

日本《にっぽん》の現代《げんだい》をつくる明治維新《めいじいしん》という大事件《だいじけん》も、もちろん、この産業革命《さんぎょうかくめい》が、東洋《とうよう》におしよせてきた大波《おおなみ》のひとつでした。

さて、こうした鉄《てつ》・石炭《せきたん》・機械《きかい》という文明《ぶんめい》が進《すす》んでいくうちに、エジソンの発明《はつめい》を生《う》む土台《どだい》となった、電気《でんき》の研究《けんきゅう》と応用《おうよう》が大《おお》きく開《ひら》けてきました。

1750年《ねん》ごろ、フランクリンが避雷針《ひらいしん》を発明《はつめい》。それから30年《ねん》ほどたって、クーロンが、電気《でんき》と磁気《じき》の働《はたら》きについての、クーロンの法則《ほうそく》を発見《はっけん》しました。1780年《ねん》には、ガルバーニが動物電気《どうぶつでんき》を発見《はっけん》(発表《はっぴょう》は1791年《ねん》)。1799年《ねん》、ボルタが最初《さいしょ》の電池《でんち》を発明《はつめい》。1820年《ねん》、アンペールが電流《でんりゅう》と磁力《じりょく》との関係《かんけい》を発見《はっけん》。そして、1823年《ねん》、スタージョンが電磁石《でんじしゃく》を発明《はつめい》しますが、これが、電信機《でんしんき》の生《う》まれるもととなったのです。

このほか、1826年《ねん》、電気抵抗《でんきていこう》の研究《けんきゅう》から、オームの法則《ほうそく》が生《う》まれ、1831年《ねん》には、ファラデーが、電気《でんき》と磁気《じき》の働《はたら》きによる、電磁誘導《でんじゆうどう》という現象《げんしょう》を見《み》つけました。

エジソンは、こうした発見《はっけん》や発明《はつめい》の時代《じだい》に生《う》まれたのです。

このエジソンが生《う》まれた19世紀《せいき》なかばのアメリカは、土地《とち》ばかりが広《ひろ》くて、人口《じんこう》の少《すく》ない農業《のうぎょう》の国《くに》でした。

けれども、アメリカは、ヨーロッパの機械文明《きかいぶんめい》の影響《えいきょう》を受《う》け、また、フランクリンのような科学者《かがくしゃ》の政治家《せいじか》が出《で》てきて、いまのような進歩《しんぽ》した工業国《こうぎょうこく》へ出発《しゅっぱつ》したのです。

1829年《ねん》にアメリカは、最初《さいしょ》の蒸気機関車《じょうききかんしゃ》を輸入《ゆにゅう》しましたが、そのある年《とし》には、アメリカ製《せい》の機関車《きかんしゃ》が走《はし》るようになりました。そして、エジソンが20歳《はたち》になったころには、アメリカの鉄道《てつどう》は6万《まん》キロメートル以上《いじょう》にものび、それにそって土地《とち》が開《ひら》け、都市《とし》ができ、工業《こうぎょう》がめざましい勢《いきお》いで起《お》こっていったのです。

鉄道《てつどう》・機関車《きかんしゃ》——それは、アメリカの少年《しょうねん》たちのあこがれの的《まと》でした。それに乗《の》って新聞売《しんぶんう》りをする――いかにも、少年《しょうねん》エジソンの、得意《とくい》な思《おも》いつきでした。

エジソンは、こんな活気《かっき》にみちた、希望《きぼう》の時代《じだい》に生《う》まれ、育《そだ》ったのです。エジソンのような、天才的《てんさいてき》な発明《はつめい》の才能《さいのう》と、また、時代《じだい》ののぞんでいるものをするどく見《み》ぬく頭《あたま》をもった人《ひと》にとっては、こんなよい時代《じだい》はなかったといえましょう。

エジソンは、新《あたら》しい機械《きかい》や技術《ぎじゅつ》をくふうし、発明《はつめい》する――それを世間《せけん》は、待《ま》ちうけていて、大喜《おおよろこ》びで利用《りよう》する――。エジソンの才能《さいのう》と努力《どりょく》は、電灯《でんとう》・電車《でんしゃ》・蓄音機《ちくおんき》・映画《えいが》・ラジオ……を生《う》んだのですが、いっぽうから考《かんが》えると、時代《じだい》が発明王《はつめいおう》エジソンを生《う》んだともいえることでしょう。

車内実験室《しゃないじっけんしつ》

決心《けっしん》したとおり、エジソンは、グランド・トランク鉄道《てつどう》の新聞売《しんぶんう》りになりました。

それは、新聞《しんぶん》のほかに、雑誌《ざっし》・くだもの・キャンディーなども、列車内《れっしゃない》で売《う》るのです。その距離《きょり》は、ポートヒューロン—デトロイト間《かん》100キロメートル、3時間《じかん》です。そこで、毎朝《まいあさ》7時《じ》にポートヒューロンを発車《はっしゃ》して、10時《じ》にデトロイトに着《つ》きます。

デトロイトに着《つ》くと、この汽車《きしゃ》は夕方《ゆうがた》まで休《やす》み、そして、夜《よる》の9時半《じはん》ごろ、ポートヒューロンに帰《かえ》ります。それは、エジソンにとって、長《なが》いひまな時間《じかん》でした。

この列車《れっしゃ》は3両編成《りょうへんせい》で、手荷物車《てにもつしゃ》と喫煙車《きつえんしゃ》と婦人用《ふじんよう》普通客車《ふつうきゃくしゃ》からなっていました。手荷物車《てにもつしゃ》は、荷物室《にもつしつ》・郵便室《ゆうびんしつ》・喫煙室《きつえんしつ》の3つに区切《くぎ》ってあり、この喫煙室《きつえんしつ》は使《つか》われていませんでした。エジソンは、この部屋《へや》をあてがわれたのです。かれは、そこへ、客《きゃく》に売《う》る品物《しなもの》を持《も》ちこみました。

こんな列車《れっしゃ》ですから、朝乗《あさの》りこんで、お客《きゃく》に新聞《しんぶん》や食《た》べものなどをひと通《とお》り売《う》ると、もうひまです。10時《じ》から夕方《ゆうがた》までは、デトロイトの図書館《としょかん》で勉強《べんきょう》します。けれども、列車内《れっしゃない》の往復《おうふく》6時間《じかん》をぼんやりすごすなんて、そんなことは、エジソンにはできません。

そこで考《かんが》えついたのが、車内実験《しゃないじっけん》です。自分《じぶん》にあてがわれた車室《しゃしつ》を、化学実験室《かがくじっけんしつ》にしようというわけです。

しかし、こんなことは、車掌《しゃしょう》に相談《そうだん》したらおしまいです。そっとやらなければだめです。考《かんが》えついたあくる日《ひ》、自分《じぶん》の家《いえ》の地下室《ちかしつ》から、薬品《やくひん》や実験用具《じっけんようぐ》をこっそり持《も》ちこみました。

じょうぶな体《からだ》をひいおじいさんから、事業《じぎょう》の才能《さいのう》をお父《とう》さんから、そして、勉強《べんきょう》への熱情《ねつじょう》をお母《かあ》さんから受《う》けついだのか、少年《しょうねん》エジソンはつかれ知《し》らずに、仕事《しごと》と勉強《べんきょう》をつづけるのでした。

朝早《あさはや》くから車内売《しゃないう》り子《こ》、化学実験《かがくじっけん》、図書館通《としょかんがよ》いをするだけでなく、ポートヒューロンに、助手《じょしゅ》のオーツを使《つか》って、野菜《やさい》とくだものの店《みせ》を開《ひら》きました。デトロイトの市場《いちば》で安《やす》い品物《しなもの》を見《み》つけると、すかさず仕入《しい》れてきて、ポートヒューロンの店《みせ》で売《う》るのです。そうして、12歳《さい》の少年《しょうねん》が、1日《にち》8ドルから10ドルの収入《しゅうにゅう》を上《あ》げるのです。

そのうちの1ドルを毎日《まいにち》お母《かあ》さんへ、そして残《のこ》りは、本《ほん》・薬品《やくひん》・実験器具《じっけんきぐ》の費用《ひよう》にしました。実験室《じっけんしつ》は、みるみる道具《どうぐ》がそろってきました。

いったい、いまエジソンが打《う》ちこんでいる化学実験《かがくじっけん》と、かれの商売《しょうばい》と、どんなつながりがあるのでしょう。

なんのつながりもないように見《み》えますが、じつは、エジソンという人物《じんぶつ》にとっては、切《き》りはなすことのできない関係《かんけい》があるのです。それは、その後《ご》の、かれの発明《はつめい》を考《かんが》えればすぐわかるでしょう。

電灯《でんとう》・電車《でんしゃ》・蓄音機《ちくおんき》・映画《えいが》・ラジオ……そのほか、どれをとってみても、世《よ》の人《ひと》びとに直接役《ちょくせつやく》に立《た》つものばかりです。みんな社会《しゃかい》と、直接《ちょくせつ》むすびついています。そういうものが発明《はつめい》できたのは、エジソンがすぐれた事業家《じぎょうか》の性質《せいしつ》をもち、また、商売《しょうばい》というものをよく知《し》っていたからです。

ただ、ひじょうにおもしろいのは、異常《いじょう》なほど、事業《じぎょう》というものに興味《きょうみ》をもっていたエジソンが、お金《かね》のことには、あまりこだわらなかったことです。かれは、売上金《うりあげきん》のことは、すべてオーツまかせでした。オーツからお金《かね》を受《う》けとっても、勘定《かんじょう》もしませんでした。やがて、つぎつぎと大発明《だいはつめい》の特許《とっきょ》をとることになりますが、その取引《とりひき》では、いつも企業家《きぎょうか》にうまくもうけられてしまうのです。

しかし、エジソンは、それをあまり気《き》にしませんでした。もっとも、そういう性格《せいかく》だからこそ、つぎつぎと新《あたら》しい発明《はつめい》ができたのでしょう。

さて、はげしくゆれるせまい車内実験室《しゃないじっけんしつ》で、エジソンは、熱心《ねっしん》に実験《じっけん》をつづけました。

残念《ざんねん》ながら、こうゆれては、ひじょうに細《こま》かい実験《じっけん》はできません。けれども、毎日《まいにち》の積《つ》み重《かさ》ねで、エジソンの化学知識《かがくちしき》はたいへん豊《ゆた》かになっていきました。

ところが、このせまい実験室《じっけんしつ》が、いよいよ身動《みうご》きもできないほどせまくなることになりました。少年《しょうねん》エジソンが、この部屋《へや》で、新聞《しんぶん》の編集《へんしゅう》・印刷《いんさつ》・発行《はっこう》という大仕事《おおしごと》を始《はじ》めたからです。そのきっかけというのは……。

エジソンが車内売《しゃないう》り子《こ》を始《はじ》めてから2年《ねん》ほどたったとき、毎日《まいにち》の新聞《しんぶん》は、じつによく売《う》れるようになりました。ずいぶんたくさん仕入《しい》れても、たちまちのうちに売《う》れてしまうありさまでした。それというのも、アメリカ史上最大《しじょうさいだい》の国内戦争《こくないせんそう》――どれい解放戦争《かいほうせんそう》とも、南北戦争《なんぼくせんそう》（1861～1865年《ねん》）ともいう、5年間《ねんかん》つづいたはげしい戦《たたか》いがくりひろげられていたからです。

この売《う》れゆきから、エジソンは、ぼくも新聞《しんぶん》を出《だ》してみよう、という気《き》になったのです。しかし、その記事《きじ》は、戦争《せんそう》のことなどよりも、自分《じぶん》が乗《の》っている鉄道《てつどう》の沿線《えんせん》に起《お》こったこととか、その日《ひ》その日《ひ》の物価《ぶっか》とか、近《ちか》くの町《まち》の人《ひと》びとのニュースとかでした。

エジソンは、まず、デトロイトの古道具屋《ふるどうぐや》で印刷機《いんさつき》を買《か》いこんで、車内実験室《しゃないじっけんしつ》にすえつけました。そして、仕事《しごと》の合間《あいま》に記事《きじ》を書《か》き、編集《へんしゅう》をします。機械《きかい》のことには、なれていても、記事《きじ》のほうは、そうかんたんにまとまりません。

「毎日《まいにち》の発行《はっこう》はむりだ。週《しゅう》1回《かい》にしよう。」

そうしてできあがったのが『週刊《しゅうかん》ヘラルド』紙《し》です。そのときの1部《ぶ》が、エジソン家《け》に保存《ほぞん》されていますが、それは文章《ぶんしょう》もりっぱですし、印刷《いんさつ》もきれいで、経験《けいけん》もない

15歳《さい》の少年《しょうねん》が、ただひとりでつくりあげたとは、とても信《しん》じられないものだ、といわれています。

エジソンは、それを、1部《ぶ》3セントで売《う》りました。そして、毎週《まいしゅう》400部《ぶ》は完全《かんぜん》に売《う》れたのです。けれども、ただ、めずらしさからだけではありません。実際《じっさい》、

「これは、いい新聞《しんぶん》だ。力《ちから》になってあげるよ。」

と言《い》ってはげます人《ひと》もあれば、ニュースの提供者《ていきょうしゃ》になってくれる人《ひと》もありました。鉄《てつ》道《どう》の電信技師《でんしんぎし》たちがそうです。かれらは、仕事《しごと》のうえでつかんだ最新《さいしん》のニュースを、エジソンにくれたのです。

ある日《ひ》、ひとりのイギリス紳士《しんし》が、グランド・トランク鉄道《てつどう》に乗《の》りこんできました。紳士《しんし》は、インクのにおいも新《あたら》しい『週刊《しゅうかん》ヘラルド』を手《て》にすると、

「おお！」

と、ひどく感心《かんしん》したようすで、少年《しょうねん》にたずねました。

「この新聞《しんぶん》は、きみがつくったのですか？」

「そうです。ぼくが毎週出《まいしゅうだ》しているのです。」

紳士《しんし》は、まじまじと少年《しょうねん》の顔《かお》を見守《みまも》っていましたが、

「きみ、これを1000部《ぶ》つくってくれないか。」

「え！　そんなにたくさん！」

「わたしは、これを世界《せかい》にただひとつの列車内発行《れっしゃないはっこう》の新聞《しんぶん》として、しかも、少年《しょうねん》が発《はっ》行《こう》しているめずらしい新聞《しんぶん》として紹介《しょうかい》しようと思《おも》っている。」

少年《しょうねん》エジソンは、喜《よろこ》びとおどろきのあまり、息《いき》をのんでこの紳士《しんし》をあおぎ見《み》ました。

それから数日《すうじつ》ののち、当時世界《とうじせかい》一の大新聞《だいしんぶん》『ロンドン・タイムス』に、この『週刊《しゅうかん》ヘラルド』の記事《きじ》が大《おお》きく出《で》ました。

このニュースは、世界《せかい》の人《ひと》びとをおどろかせました。

だが、ものごとは、すべてうまくばかりはいきません。残念《ざんねん》なことに、エジソンは、大事《だいじ》な新聞社《しんぶんしゃ》でも、化学実験室《かがくじっけんしつ》でもある場所《ばしょ》を使《つか》うことができなくなりました。

火事《かじ》が起《お》こったのです。それは……。

ある日《ひ》、列車《れっしゃ》が強《つよ》くゆれたはずみに、実験室《じっけんしつ》のたなから黄《おう》リンのびんが落《お》ちてくだけてしまいました。

「いけない！」

と思《おも》ったときには、もう、白《しろ》いけむりを上《あ》げてもえだしていました。黄《おう》リンは空気《くうき》にふれると発火《はっか》するのです。

ふみけそうとしても、たたきけそうとしても、消《き》えるどころか、ぱあっともえひろがるばかり、エジソンはさけびました。

「火事《かじ》だ！　火事《かじ》だ！」

車掌《しゃしょう》がかけつけ、手《て》ばやく、バケツで水《みず》をかけてくれたので、火《ひ》は消《き》えました。ありがたいことに、部屋《へや》の内部《ないぶ》に、すこし焼《や》けあとができただけでした。

けれども、今度《こんど》は、車掌《しゃしょう》のいかりが、爆発《ばくはつ》しました。

「このばかやろう！」

おそろしい力《ちから》でエジソンのほおをなぐりつけました。そして、次《つぎ》の停車駅《ていしゃえき》スミス・クリークに着《つ》くが早《はや》いか、実験用具《じっけんようぐ》も印刷機械《いんさつきかい》も、いっさいがっさい、外《そと》へ放《ほう》りだし、ついでにエジソンをも、列車《れっしゃ》からたたきだしてしまいました。

こうして、車内実験《しゃないじっけん》と車内新聞《しゃないしんぶん》は、ついに終《お》わりをつげることになりました。のこったのは、車内売《しゃないう》り子《こ》の仕事《しごと》だけです。

エジソンは、丘《おか》の上《うえ》の自分《じぶん》の家《いえ》の屋根裏《やねうら》へ、実験室《じっけんしつ》と新聞社《しんぶんしゃ》をうつしました。

このころからエジソンは、父《ちち》サムエルと同《おな》じように、耳《みみ》が悪《わる》くなっていきました。

機械《きかい》へのあこがれ

そんなことがありながらも、『週刊《しゅうかん》ヘラルド』の評判《ひょうばん》は、ますます高《たか》くなりました。友《とも》だちのひとりが、

「もっと、仕事《しごと》を大《おお》きくしたらどうだ。ぼくも手《て》つだうよ。」

と言《い》ってくれました。

「ありがとう。きみが手《て》つだってくれるなら、やりたいことがある。」

エジソンの計画《けいかく》は、新聞《しんぶん》の性格《せいかく》をかえることでした。普通《ふつう》のニュースをのせるというよりも、その地方《ちほう》で話題《わだい》になった人《ひと》びとのことをとりあげて、ふたりの少年《しょうねん》が、それぞれ自由《じゆう》に論《ろん》じあうという形《かたち》のものでした。

エジソンの、この風《ふう》がわりな新聞《しんぶん》は、読《よ》みものとして、たいへんよろこばれ、さかんに売《う》れました。

ところが、運命《うんめい》はやはりエジソンを、発明家《はつめいか》にしたてることをわすれませんでした。

ある日《ひ》のことです。ひとりの男《おとこ》がどなりこんできて、エジソンをとっつかまえ、川《かわ》の中《なか》に投《な》げこむという乱暴《らんぼう》をはたらいたのです。

この男《おとこ》は、自分《じぶん》のことを新聞《しんぶん》でやり玉《だま》にあげられて、かっとなってしまったのでした。しかし、この男《おとこ》は、エジソンの頭脳《ずのう》を発明《はつめい》だけに向《む》けさせることになりました。

エジソンは、この事件《じけん》をきっかけに、新聞《しんぶん》の仕事《しごと》をやめることになったのです。

エジソンの図書館通《としょかんがよ》いは、このころも、毎日《まいにち》つづいていました。デトロイトの図書《としょ》館《かん》の本《ほん》だなの本《ほん》を、手当《てあ》たりしだいに読《よ》んできたかれは、ようやく、ひとつの方向《ほうこう》に、強《つよ》く心《こころ》をひかれるようになっていました。

それは、科学《かがく》の原理《げんり》を応用《おうよう》して、新《あたら》しい技術《ぎじゅつ》をつくりだしていく人間《にんげん》への興味《きょうみ》です。

また、ポートヒューロンには、グランド・トランク鉄道《てつどう》の機械工場《きかいこうじょう》がありました。エジソンの足《あし》は、いつからともなく、ひまさえあれば、この工場《こうじょう》へ向《む》かうようになりました。図書館《としょかん》で読《よ》んだ機関車《きかんしゃ》の構造《こうぞう》が、そこでは、実物《じつぶつ》で見《み》ることができたからです。

列車《れっしゃ》に乗《の》っているあいだも、ときどき機関室《きかんしつ》に入《はい》りこんで、いつか、火室《かしつ》・ボイラー・弁《べん》・操縦桿《そうじゅうかん》・歯車《はぐるま》などの構造《こうぞう》や働《はたら》きぐあい、あつかい方《かた》をおぼえていきました。あれこれと、どこまでも質問《しつもん》するエジソンに、機関士《きかんし》は、本気《ほんき》で答《こた》えてくれました。エジソンの熱心《ねっしん》さに、うるさいという気持《きも》ちなどもてなかったのでしょう。

こうしておぼえた知識《ちしき》が、やがて、電車《でんしゃ》の発明《はつめい》のとき、たいへん役《やく》に立《た》つのですが、このころのエジソンは、ただ、機械《きかい》そのものが、おもしろくてしかたがなかったのです。

機関車《きかんしゃ》のことをおぼえてしまうと、自分《じぶん》で動《うご》かしてみたくて、がまんできなくなりました。しかし、機関士《きかんし》は、

「そいつはだめだ。いいかい。これは、おもちゃじゃないんだ。」

と、ゆるしてくれませんでした。

ところが、意外《いがい》に早《はや》くその機会《きかい》がきました。ある朝《あさ》、大《おお》あくびしながら発車《はっしゃ》させた機関士《きかんし》が、ゆうべは遊《あそ》びすぎて、ねむくてやりきれないというのです。

「それじゃ、ぼくにかわらせてよ。ちょっとだけでいい。ちょっと、ほんとうにちょっと……。」

エジソンは、このときとばかりに、しつこくねだりました。

機関士《きかんし》は、負《ま》けて、ハンドルをエジソンににぎらせてくれました。走《はし》る、気持《きも》ちよく走《はし》る――。なんという、ゆかいな音《おと》……振動《しんどう》なんだろう……。

「さ、もういいだろう。」

「うん、もうすこし、もうちょっと。」

そのうち、機関士《きかんし》は、なんにも言《い》わなくなりました。ねてしまったのです。

こうして、エジソンは、とうとう終点《しゅうてん》のデトロイトまで運転《うんてん》をつづけてしまいました。

のちに、エジソンは、このときのことを、こんなふうに話《はな》しています。

「わたしは、7両編成《りょうへんせい》の列車《れっしゃ》を、時速《じそく》12マイル（1マイルは、およそ1・609キロメートル）に落《お》として走《はし》らせた。わたしは、水《みず》が切《き》れるとボイラーが破裂《はれつ》することを知《し》っていたので、水《みず》を入《い》れることばかり心配《しんぱい》していた。

20マイルばかり進《すす》んだときだった。とつぜん、えんとつから、どろどろの水《みず》がふきだして、機関車《きかんしゃ》もわたしも、まっ黒《くろ》になってしまった。機関士《きかんし》を起《お》こそうと思《おも》ったが、まもなく、泥水《どろみず》が止《と》まったので、そのままねむらせておいた。

わたしは、機関士《きかんし》が、いつも決《き》まった駅《えき》で、油《あぶら》をさすのを見《み》ていた。そこで、それをやってみようと思《おも》った。ところが、注油口《ちゅうゆこう》を開《あ》けたとたん、蒸気《じょうき》がものすごい勢《いきお》いでふきだし、わたしは、あぶなく機関車《きかんしゃ》からふきとばされるところだった。

やっとの思《おも》いで注油口《ちゅうゆこう》をしめ、しかたがないから、油《あぶら》をささずに、そのまま走《はし》らせた。

あとで知《し》ったのだが、油《あぶら》をさすときには、まず、蒸気《じょうき》を止《と》めておかなければいけないのだ。わたしはそれを見落《みお》としていたわけだ。

ところが、油《あぶら》はいいとして、どろどろ水《みず》は、終点《しゅうてん》の手前《てまえ》で、もう一度《いちど》ふきだした。終着駅《しゅうちゃくえき》では、完全《かんぜん》にまっ黒《くろ》にそめられた機関車《きかんしゃ》とわたしをむかえて、みんな、くすくすわらったものだ。わたしが水《みず》を入《い》れすぎたため、水《みず》がえんとつの中《なか》にあふれ、油煙《ゆえん》といっしょにふきだしたのだとは、あとでわかったことだがね。

だが、あの機関車運転《きかんしゃうんてん》の経験《けいけん》は大《おお》きかった。わたしは、あの失敗《しっぱい》から、観察力《かんさつりょく》が大《たい》切《せつ》であることを学《まな》び、また、機関車《きかんしゃ》の実際《じっさい》を知《し》った。電気機関車《でんききかんしゃ》をつくるときに、それがずいぶん役《やく》に立《た》った。あのいねむり機関士君《きかんしくん》にも、感謝《かんしゃ》しなければならないね。」

さて、そのころの少年《しょうねん》エジソンが、だれよりも勤勉《きんべん》だったことは、たしかです。朝《あさ》6時《じ》に起《お》きて、列車《れっしゃ》に乗《の》りこみ、夜《よる》は10時《じ》に帰《かえ》ってきます。そのあいだ中《じゅう》が、売《う》り子《こ》の仕事《しごと》と、図書館《としょかん》での勉強《べんきょう》と、化学《かがく》の実験《じっけん》です。

このようにしてすごす一日一日《いちにちいちにち》は、つらいことのようですが、エジソンにとっては、かけがえのない楽《たの》しみだったのです。

こういうと、エジソンには、少年《しょうねん》らしい楽《たの》しみというものが、まるでなかったようですが、たったひとつ、エジソンを夢中《むちゅう》にさせた遊《あそ》びがありました。

電信遊《でんしんあそ》びです。

そのころ、つまり、1860年代《ねんだい》のアメリカでは、電信《でんしん》がようやく実用化《じつようか》されてきていました。この新《あたら》しい器具《きぐ》が、少年《しょうねん》たちをとりこにしたのは、あたりまえのことで、それをまねた電信遊《でんしんあそ》びは、大流行《だいりゅうこう》でした。

もちろん、エジソンもそのひとりでした。

かれは、ありあわせのものだけを使《つか》って電信機《でんしんき》をつくりました。電線《でんせん》の針金《はりがね》に布切《ぬのき》れをまき、それを鉄《てつ》のしんにまきつけて電磁石《でんじしゃく》とし、キーには、しんちゅうのばねを利用《りよう》しました。空《あ》きびんを、絶縁用《ぜつえんよう》の碍子《がいし》にして、立《た》ち木《き》にくぎでとめました。電池《でんち》は地下化学実験室《ちかかがくじっけんしつ》でおぼえた方法《ほうほう》でつくりました。

これらができあがったところで、エジソンは近《ちか》くの友《とも》だちのひとりとの間《あいだ》に電線《でんせん》を引《ひ》きました。

交信《こうしん》は、うまくいきました。信号《しんごう》で、思《おも》うことをつたえる、おもしろい遊《あそ》びです。だが、エジソンは、夜《よる》の10時《じ》でなければ、家《いえ》へ帰《かえ》れません。

ところが、お父《とう》さんのサムエルは、エジソンの健康《けんこう》を心配《しんぱい》して、11時半《じはん》よりおそくまで起《お》きていることをゆるしません。なんとか、これをゆるめる作戦《さくせん》が必要《ひつよう》です。

ところで、サムエルは、毎晩《まいばん》、エジソンが持《も》って帰《かえ》る新聞《しんぶん》を楽《たの》しみにしていました。ある晩《ばん》、エジソンは、その新聞《しんぶん》を持《も》たずに帰《かえ》ってきました。

「わすれた？　そいつはがっかりだな。」

「そうだ、友《とも》だちのところに新聞《しんぶん》があるから、ニュースを聞《き》いてあげようか。」

「こんな時間《じかん》にかい？」

「まあ、見《み》ててごらん。」

エジソンが電信機《でんしんき》にスイッチを入《い》れて、キーをたたくと、それに答《こた》えて、友《とも》だちが信号《しんごう》を送《おく》ってきます。エジソンは、その電文《でんぶん》を文章《ぶんしょう》に直《なお》して、待《ま》ちかまえているお父《とう》さんにわたしました。

「なるほど、すばらしいことをやるもんだなあ。」

夜《よる》おそくまで、ただ、いたずら遊《あそ》びをしている、としか思《おも》わなかったサムエルは、ほとほと感心《かんしん》してしまいました。もう、「早《はや》くねなさい。」と言《い》えなくなりました。

おかげでエジソンは、夜《よる》おそくまで電信《でんしん》を楽《たの》しむことができるようになったのですが、やがて、この遊《あそ》びから、かれの新《あたら》しい道《みち》が開《ひら》けることになるのです。

電信手《でんしんしゅ》という仕事《しごと》です。

少年電信手《しょうねんでんしんしゅ》

エジソンの電信技術《でんしんぎじゅつ》は、めきめき進歩《しんぽ》しました。近所《きんじょ》の仲間《なかま》で、かれにおよぶものはいなくなりました。

ところが、エジソンは、電信機《でんしんき》をいじりながら、どうしても不思議《ふしぎ》でならないのは、電気《でんき》という目《め》に見《み》えないものの正体《しょうたい》でした。電気《でんき》というのは、いったいなんなのか。どういう原理《げんり》ではたらいているのか。これは、どうしても知《し》らなければならないと思《おも》っていました。

1862年《ねん》、エジソンが15歳《さい》をむかえた年《とし》の、夏《なつ》のある日《ひ》のことです。いつものように、デトロイトに向《む》かっていた列車《れっしゃ》が、なにかの都合《つごう》で、途中《とちゅう》のマウントクレメンス駅《えき》で、長《なが》いこと停車《ていしゃ》しました。

エジソンは、プラットホームにおりて、駅長《えきちょう》のマッケンジーと、あいさつをかわし

ていました。そして、なにげなく線路《せんろ》に目《め》をやったとたんに、

「ああっ。」

と、声《こえ》を上《あ》げて、線路《せんろ》に身《み》をおどらせました。

「…………」

エジソンの姿《すがた》を目《め》で追《お》ったマッケンジー駅長《えきちょう》は、次《つぎ》の瞬間《しゅんかん》、息《いき》が止《と》まるほどびっくりしました。

線路《せんろ》の上《うえ》を、まだおさない愛児《あいじ》のジミーがよちよち歩《ある》いていたのです。しかも、そのすぐ後《うし》ろには、まっ黒《くろ》いけむりをはいて、貨物《かもつ》の機関車《きかんしゃ》が、のしかかるように、せまっていたのです。

「あっ、ジミー！　あぶない、ジミー！」

この光景《こうけい》を、プラットホームのすべての人《ひと》が、こおりついたように立《た》ちすくんで見《み》つめました。そして、次《つぎ》の一瞬《いっしゅん》に、「あっ！」と息《いき》をのんでしまいました。

黒《くろ》いかげが弾丸《だんがん》のようにとんだと見《み》るまに、そのかげが、ジミーとひとかたまりに

なって、線路《せんろ》の外《そと》に転《ころ》がりたおれたのを見《み》たからです。

はげしい音《おと》を立《た》てて、貨物列車《かもつれっしゃ》は去《さ》りました。よかった！　エジソンは、列車《れっしゃ》のごうおんを聞《き》きながら、ジミーぼうやをしっかりとだいて、その場《ば》にふせていました。

そして、わあっと上《あ》がる、人《ひと》びとの歓声《かんせい》を聞《き》いて、顔《かお》を上《あ》げました。

マッケンジー駅長《えきちょう》は、線路《せんろ》にとびおりて、ジミーをだきとり、片腕《かたうで》で、エジソンの肩《かた》をだきしめました。だきしめたまま、なんにも言《い》わず、いつまでも動《うご》こうとしませんでした。あまりのおどろきと、喜《よろこ》びと感謝《かんしゃ》で、胸《むね》がいっぱいになり、声《こえ》が出《で》なかったのです。

この事件《じけん》から、エジソンとマッケンジーとの、長《なが》い友情《ゆうじょう》が生《う》まれました。マッケンジーは、わが子《こ》ジミーを、自分《じぶん》の命《いのち》もわすれてすくってくれた少年《しょうねん》に、どんなことをしてでも、役《やく》に立《た》ってやりたいと思《おも》いました。

「アルバ、わしは考《かんが》えたのだがね。もし、きみにその気《き》があるなら、わしが世話《せわ》をする。いいかげんに、車内売《しゃないう》り子《こ》はやめて、電信《でんしん》の仕事《しごと》をやってみないか。」

エジソンは、この思《おも》いがけない申《もう》し出《で》に、目《め》をかがやかせました。いま、いちばんすきな電信技術《でんしんぎじゅつ》で身《み》を立《た》てる。これ以上《いじょう》にうれしいことがあるでしょうか。

「ありがとうございます、駅長《えきちょう》。そうできたら、どんなにいいでしょう。」

マッケンジーは、自分《じぶん》の申《もう》し出《で》が、この少年《しょうねん》にとって、どんなに大《おお》きな意味《いみ》をもつことになるか、そんなことを知《し》るわけはありません。ただ、自分《じぶん》の考《かんが》えを受《う》けいれてもらえたことで大喜《おおよろこ》びでした。

マッケンジーは電信手《でんしんしゅ》でもあったのです。ですから、さっそく、その日《ひ》から、エジソンを手《て》もとに引《ひ》きとって、電信技術《でんしんぎじゅつ》を教《おし》えはじめました。

もともとすきで、そのうえ、独学《どくがく》で電信技術《でんしんぎじゅつ》を身《み》につけていたエジソンです。3か月《げつ》もたったころには、先生《せんせい》のマッケンジーよりじょうずになっていました。

エジソンは、車内売《しゃないう》り子《こ》だけでなく、八百屋《やおや》もやめました。勉強以外《べんきょういがい》のことは、いっさいやめました。電信手《でんしんしゅ》としての道《みち》を進《すす》むことになったのです。

第一歩《だいいっぽ》は、電信事務所《でんしんじむしょ》の開業《かいぎょう》でした。これは、ポートヒューロンの、ある薬屋《くすりや》の2

階《かい》で始《はじ》めたのですが、事業《じぎょう》としては、まだ早《はや》すぎたのか、あまり利用者《りようしゃ》がありませんでした。そこで、ほどなく、事務所《じむしょ》をとじて、カナダのストラットフォード駅《えき》の電信《でんしん》手《しゅ》に就職《しゅうしょく》しました。これは、マッケンジー駅長《えきちょう》の世話《せわ》でした。

ここで、発明家《はつめいか》としてのエジソンが、はじめて、その姿《すがた》をあらわすことになったのです。

ストラットフォード駅《えき》でのエジソンの仕事《しごと》は、夜《よる》の7時《じ》からあくる朝《あさ》の7時《じ》まで、12時間《じかん》の夜勤《やきん》でした。べつに通信《つうしん》の仕事《しごと》がなくても、1時間《じかん》ごとに、「6」という信《しん》号《ごう》を発車事務所《はっしゃじむしょ》へ送《おく》るのが規則《きそく》です。ですから、ねむるわけにはいかないのです。

ところが、昼間《ひるま》、時間《じかん》をおしんで勉強《べんきょう》するエジソンは、どうにもねむくてしかたがありません。そこで考《かんが》えだしたのが、自動発信機《じどうはっしんき》です。時計《とけい》の歯車《はぐるま》を加工《かこう》し、1時間《じかん》たって、時計《とけい》の針《はり》が一回《ひとまわ》りするごとに、電信機《でんしんき》が自動的《じどうてき》に、「6」を発信《はっしん》するようにしたのです。こんにち、いろいろな自動装置《じどうそうち》がありますが、エジソンは、これらのもとをつくったわけです。

エジソンは、たしかに、ずるをしたことになります。けれども、機械《きかい》でできることは機械《きかい》にまかせる、そして、その時間《じかん》を必要《ひつよう》なことに使《つか》う――それが文明社会《ぶんめいしゃかい》であり、人類《じんるい》の進歩《しんぽ》の大《おお》きな一面《いちめん》です。エジソンは、また、そんなふうに考《かんが》えることによって、たくさんの、社会《しゃかい》に役立《やくだ》つ発明《はつめい》をなしとげることができたのです。

エジソンが、ここでしばらく、ぶじにつとめていたところへ、ちょっとした事故《じこ》が起《お》こりました。

ある晩《ばん》、「下《くだ》り貨物列車《かもつれっしゃ》を停車《ていしゃ》させよ。」という電信《でんしん》が入《はい》りました。

エジソンは、すぐ信号手《しんごうしゅ》をさがしましたが、どこへ行《い》ったのか、見《み》つかりません。

さあ、こまったぞ、とあわてているうちに、停車《ていしゃ》させねばならない「下《くだ》り貨物列車《かもつれっしゃ》」は、駅《えき》を通《とお》りすぎてしまいました。

そんなこととは知《し》らない発信駅《はっしんえき》では、計画《けいかく》どおり、「のぼり貨物列車《かもつれっしゃ》」を発進《はっしん》させました。

そのまま行《い》けば、まちがいなく衝突《しょうとつ》です。幸《さいわ》いなことに、両方《りょうほう》の機関士《きかんし》が、相手《あいて》の列車《れっしゃ》に気《き》づき、急《きゅう》ブレーキをかけて、衝突《しょうとつ》だけはさけることができました。

ところが、会社《かいしゃ》の支配人《しはいにん》は、だまっていませんでした。信号手《しんごうしゅ》がいなくて、エジソンとしては、どうしようもなかったのですが、支配人《しはいにん》はエジソンをよびつけて、仕事《しごと》をなまけた罪《つみ》として、刑務所《けいむしょ》に5年入《ねんい》れるというのです。

びっくりしたエジソンは、支配人《しはいにん》が席《せき》を立《た》ったすきをうかがって、さっとにげだし、ちょうど発車《はっしゃ》しかけていた貨物列車《かもつれっしゃ》にとびのりました。そして、カナダ国境《こっきょう》から、船《ふね》に乗《の》って、ポートヒューロンへにげかえったのです。

ポートヒューロンに帰《かえ》ったエジソンは、それから5年間《ねんかん》、各地《かくち》を放浪《ほうろう》することになります。カナダで起《お》こった事故《じこ》がやりきれなかったのでしょう。だが、それだけではありません。そのころのアメリカの青年《せいねん》たちは、なにかしら新《あたら》しいものをもとめたいという気持《きも》ちが強《つよ》かったのです。エジソンのような少年《しょうねん》は、とくにそうだったと思《おも》われます。放浪《ほうろう》といっても、お金《かね》がなくて、あてどもなく歩《ある》きまわるのではありません。エジソンには、電信手《でんしんしゅ》という、こころづよい技術《ぎじゅつ》があります。その仕事《しごと》をしては、各地《かくち》を歩《ある》くのですから、新《あたら》しい知識《ちしき》がだんだん広《ひろ》がります。

多《おお》くの電信手《でんしんしゅ》は、南北戦争《なんぼくせんそう》にとられて、技術《ぎじゅつ》のたしかな電信手《でんしんしゅ》なら、どこでも引《ひ》っぱりだこでした。エジソンは、どこへ行《い》っても、生活《せいかつ》にこまることはありませんでした。

フォートウェイン、インディアナポリス、シンシナティ、メンフィス、ボストン……そうした放浪《ほうろう》のあいだにも、勉強《べんきょう》と実験《じっけん》は、たゆみなくつづけました。入《はい》ったお金《かね》は、本代《ほんだい》になり、実験費《じっけんひ》になりました。あまり勉強《べんきょう》に夢中《むちゅう》になって、やとい主《ぬし》の気《き》を悪《わる》くしたために、また放浪《ほうろう》の旅《たび》に出《で》るということもありました。

しかし、そんなふうであればこそ、エジソンの実力《じつりょく》は、ならぶものがないほどに上《じょう》達《たつ》していったのです。

エジソンが、メンフィスの電信局《でんしんきょく》につとめたばかりのころのことです。この局《きょく》とセントルイス局《きょく》との間《あいだ》で、電信《でんしん》の速度《そくど》コンテストが行《おこな》われていました。

メンフィスの局員《きょくいん》たちは、この新入《しんい》りの腕《うで》をためしてやろう、というわけで、エジソンに、セントルイス局《きょく》からの電信《でんしん》を受信《じゅしん》させました。

そんなこととは知《し》らないエジソンは、いつもとかわらない調子《ちょうし》で受信機《じゅしんき》に向《む》かいましたが、なにしろ競争《きょうそう》ですから、相手《あいて》は、おどろくべき速《はや》さで打《う》ってきます。

局員《きょくいん》たちは、新米《しんまい》さん、いまに投《な》げだすぜ、と思《おも》いながら見守《みまも》っています。

ところが、エジソンは投《な》げだすどころか、平気《へいき》な顔《かお》でかたづけているのです。やがて、こちらが送信《そうしん》の側《がわ》に立《た》ちました。そのすさまじいばかりのスピード！　打《う》って打《う》って打《う》ちまくり、とうとう、セントルイス局《きょく》の受《う》け手《て》は、降参《こうさん》してしまいました。

はじめは、からかい気分《きぶん》だったメンフィスの局員《きょくいん》たちは、すっかりどぎもをぬかれ、果《は》ては大喜《おおよろこ》びで、エジソンの勝利《しょうり》をいわったのです。

同《おな》じようなことを、エジソンは、ボストンでも経験《けいけん》しました。

1868年《ねん》。エジソンは21歳《さい》の青年《せいねん》になっていました。放浪生活《ほうろうせいかつ》もいやになった、やさきです。

ボストンにいた親友《しんゆう》のアダムスをおとずれると、アダムスは大喜《おおよろこ》びで、さっそく、

エジソンを、ウェスタン・ユニオン会社《がいしゃ》のボストン電信局《でんしんきょく》に紹介《しょうかい》しました。その売《う》りこみが、

「アメリカ一《いち》の電信《でんしん》スピード男《おとこ》だ。」

会社《かいしゃ》では、すぐ、テストにかかりました。えらんだ相手《あいて》は、ニューヨーク局《きょく》のスピード王《おう》といわれている電信手《でんしんしゅ》です。

なるほど、スピード王《おう》といわれるだけのことはありました。そして、その猛《もう》スピードは、しだいに調子《ちょうし》を上《あ》げていきます。しかしエジソンは、相手《あいて》がどんなに全力投球《ぜんりょくとうきゅう》しても、らくらくと受《う》けながします。そして、とうとう、敵《てき》の息《いき》が切《き》れてきました。

そこを、すかさずエジソンが切《き》りかえしました。こう送信《そうしん》したのです。

「きみは、足《あし》で打《う》っているのかね。」

こうしてエジソンは、ほんとうにアメリカ一《いち》のスピード王《おう》になったのです。

2 メンロパークの魔術師《まじゅつし》

発明家《はつめいか》への道《みち》

「ぼくも、そろそろ、考《かんが》えなきゃならない。人間《にんげん》の一生《いっしょう》は、そう長《なが》くはないからね。」

とつぜん、こんなことを言《い》いだしたエジソンを見《み》て、ボストンの親友《しんゆう》アダムスはわらいだしました。

「なんだって！　そろそろ考《かんが》える？　へんなことを言《い》うなよ。きみは、もうアメリカ一《いち》の電信手《でんしんしゅ》じゃないか。」

しかし、エジソンは、ひどく真面目《まじめ》な顔《かお》で、

「ぼくはね、一生《いっしょう》、電信《でんしん》をやる気《き》はないんだ。ぼくがほんとうにやらなきゃならないのは、なにか。発明《はつめい》なんだ。世《よ》の中《なか》のためになる……。」

「発明《はつめい》？　ふうん……なるほど……。」

アダムスはびっくりして、わらうのをやめ、考《かんが》えこんでいるエジソンの顔《かお》をじっと見《み》つめました。

実際《じっさい》には、エジソンは、もうはっきりと、発明家《はつめいか》としての動《うご》きを見《み》せていました。

小《ちい》さいときから、科学《かがく》の勉強《べんきょう》や実験《じっけん》を積《つ》んで、もう、21歳《さい》です。いまは、けっして、夢《ゆめ》みたいなことを言《い》っているのではありません。

ところで、いまはたらいているボストン電信局《でんしんきょく》は、木造《もくぞう》の古《ふる》い建物《たてもの》で、うす暗《ぐら》くて、食事《しょくじ》どきになると、ずうずうしいゴキブリが、テーブルにむらがるのです。

「まいっちゃうなあ、まったく。」

局員《きょくいん》たちは、みんなこぼしつづけています。

ある日《ひ》、年《とし》とった局員《きょくいん》が、パンをかじりながら、大声《おおごえ》で言《い》いました。

「そうだ！　発明家先生《はつめいかせんせい》、このろくでなしどもの退治器《たいじき》をくふうしてくれないかね。」

エジソンは、ただ、だまって、わらっていました。

そのあくる日《ひ》のお昼《ひる》。みんなが、いつものように食堂《しょくどう》へ入《はい》ってみると、テーブルのまわりは、きれいな銀色《ぎんいろ》の錫箔《すずはく》（金属《きんぞく》の錫《すず》をうすくたたきのばしたもの）のリボンで、二《に》重《じゅう》に囲《かこ》われていました。

局員《きょくいん》たちは、不思議《ふしぎ》そうな顔《かお》をしながらも、思《おも》い思《おも》いに食事《しょくじ》を始《はじ》めました。すると、例《れい》のとおり、どこからともなく、ぞろぞろと、ゴキブリのおでましです。

だが、いつもとちがって、テーブルの上《うえ》へは、まるで上《あ》がってきません。そのうちに、テーブルの下《した》をのぞいたひとりがさけびました。

「おい、みんな！　こいつはどういうことだ。」

びっくりしたはずです。たくさんのゴキブリが、錫箔《すずはく》のリボンにまたがったまま、死《し》んでいるのです。なお見《み》ていると、あとからのそのそやってくるやつも、リボンをこえようとするとたんに、ころころとひっくりかえり、足《あし》をぴくぴくさせながら、たちまち死《し》んでしまうのです。目《め》を丸《まる》くしているみんなの顔《かお》を、おもしろそうにながめながら、エジソンは言《い》いました。

「どうです、ゴキブリ退治器《たいじき》は。」

「いや、これはおどろいた。わしは、冗談《じょうだん》のつもりで言《い》ったんだが……。」

昨日《きのう》の老局員《ろうきょくいん》は、目《め》を丸《まる》くして、そのしかけを聞《き》きました。

「なんでもないんですよ。この2本《ほん》の錫箔《すずはく》に、電流《でんりゅう》が通《つう》じているだけです。リボンとリボンの間《あいだ》は、ちょうど、ゴキブリの長《なが》さです。だから、こいつらがまたがったとたんに感電《かんでん》して、ころっといくんです。」

なるほど、よく見《み》ると、リボンから細《ほそ》い電線《でんせん》が引《ひ》かれて、部屋《へや》のすみの電池《でんち》にむすびつけてあります。

「ふうん、こりゃえらいもんだ。」

みんなは、すっかり感心《かんしん》してしまいました。

電気《でんき》じかけのゴキブリ退治器《たいじき》は、すぐ、ボストンの新聞《しんぶん》がかぎつけて、記事《きじ》にしました。電信《でんしん》スピード王《おう》エジソンは、さらに有名《ゆうめい》になったわけです。

あっちこっちの会社《かいしゃ》から、電信《でんしん》の打《う》ち方《かた》を教《おし》えてください、とたのまれるようになりました。エジソンは、気軽《きがる》に引《ひ》きうけて出《で》かけるのですが、どこへ行《い》っても、トン、ツー……トン、トン、ツー、ツー……。というモールス符号《ふごう》を、だれもさっぱりおぼえないのです。これをおぼえなくては、電信《でんしん》の仕事《しごと》は始《はじ》まりません。

「これは、弱《よわ》ったな。これじゃあ、いくら教《おし》えても上達《じょうたつ》はしない。……よし、なんとか、くふうしてみよう。」

こうしてエジソンは、だれでも楽《らく》に使《つか》える電信機《でんしんき》を考《かんが》えだしました。それは、ダイヤルにＡＢＣＤ《エービーシーディー》としるしておいて、それを回《まわ》しさえすれば、その字《じ》にあてはまる電信《でんしん》を打《う》てるようにしたものでした。

これは、ただ電信機《でんしんき》としてよろこばれたばかりではありません。この機械《きかい》の考《かんが》え方《かた》は、ふたつの電話回線《でんわかいせん》を自動的《じどうてき》につなぐ、のちの自動式電話交換機《じどうしきでんわこうかんき》のもとになったのです。

エジソンは、やがて、１０００をこえる発明《はつめい》の特許《とっきょ》をとりますが、その特許第《とっきょだい》１号《ごう》は、このボストン時代《じだい》に生《う》まれました。1868年《ねん》に申請《しんせい》した、電信機《でんしんき》を応用《おうよう》した投《とう》票記録機《ひょうきろくき》がそれです。

投票記録機《とうひょうきろくき》――これは、たとえば国会《こっかい》などで、賛成《さんせい》・反対《はんたい》の投票《とうひょう》をする場合《ばあい》、議員《ぎいん》は、席《せき》にすわったまま、スイッチを、左右《さゆう》どちらかへ動《うご》かすだけで、賛成《さんせい》か反対《はんたい》かが、議長《ぎちょう》の机《つくえ》の上《うえ》にあらわれるしかけでした。

エジソンは、これによって、議事《ぎじ》の進行《しんこう》が早《はや》められると考《かんが》えたのです。それも、ただ、賛成《さんせい》・反対《はんたい》があらわれるだけでなく、それを、記録《きろく》してのこせるようにしたのです。それは、イギリス人《じん》のベーンが発明《はつめい》した印刷法《いんさつほう》を応用《おうよう》したものでした。翌年《よくねん》、この投票記録機《とうひょうきろくき》の特許《とっきょ》がとれたとき、エジソンの喜《よろこ》びはたいへんなものでした。

「これで、決心《けっしん》どおり、発明家《はつめいか》としてやっていけるぞ。」

エジソンは、貯金《ちょきん》をすっかりおろし、なお足《た》りない分《ぶん》は友《とも》だちにかりて、この機械《きかい》を実際《じっさい》につくらせました。そうして、ワシントンの議会《ぎかい》へ、これを売《う》りこみに出《で》かけたのです。

ワシントンの議会《ぎかい》の議員《ぎいん》たちは、エジソンの自信《じしん》にみちた説明《せつめい》を聞《き》き、機械《きかい》の働《はたら》きを見《み》て、ひどく感心《かんしん》してしまいました。

このぶんだと、注文《ちゅうもん》を……と、にこにこしているエジソンに、議長《ぎちょう》は、つめたく言《い》いました。

「きみは、まだ子《こ》どもだな。たしかに、これをそなえつけたら、議事《ぎじ》の進行《しんこう》は早《はや》くなるよ。だがね、世《よ》の中《なか》は、そう理屈《りくつ》どおりにいくもんじゃない。」

「ど、どういうことです？」

「議会《ぎかい》というところはね、ただ、賛成《さんせい》・反対《はんたい》じゃすまないんだよ。いろいろな人《ひと》、いろいろな利害関係《りがいかんけい》がからまっている。いい意見《いけん》だからといって、かならずまっすぐに通《とお》るものでもない。かけひきがある。時間《じかん》を引《ひ》きのばす作戦《さくせん》もある。だからね、こんな便利《べんり》な機械《きかい》があっては、かえってまずいんだ。わかるかな。」

けっきょく、ことわられてしまったのです。せっかく特許《とっきょ》をとり、借金《しゃっきん》までしてつくった機械《きかい》だったのに——。

しかし、それは、エジソンにとっては、むしろ大《おお》きな教訓《きょうくん》でした。この失敗《しっぱい》のおかげでエジソンは、発明《はつめい》というものは、世間《せけん》の人《ひと》たちがよろこんで利用《りよう》するものでなければならないのだ、ということをさとりました。

「よし、今度《こんど》こそは成功《せいこう》させるぞ。」

失敗《しっぱい》した投票記録機《とうひょうきろくき》をもとにして、株式相場表示機《かぶしきそうばひょうじき》というものを考《かんが》えだしました。これは、株価《かぶか》の上《あ》がり下《さ》がりを、電信《でんしん》でただちに株屋《かぶや》さんにつたえるという機械《きかい》です。

エジソンは、この機械《きかい》をかかえて、ニューヨークへ出《で》ました。しかし、だれも買《か》ってくれません。そこで、ボストンへ引《ひ》きかえして、今度《こんど》は二重電信《にじゅうでんしん》の研究《けんきゅう》にかかりました。1本《ぽん》の電線《でんせん》でふたつの通信《つうしん》を同時《どうじ》に送《おく》る方法《ほうほう》です。

研究《けんきゅう》は成功《せいこう》しました。この成功《せいこう》を機会《きかい》に、エジソンはボストン電信局《でんしんきょく》をやめて、ニューヨーク州《しゅう》のロチェスターという町《まち》へ出《で》かけました。完成《かんせい》した二重通信法《にじゅうつうしんほう》を使《つか》って、ロチェスター——ニューヨーク間《かん》の通信《つうしん》を試験《しけん》するためです。

ところが、これも失敗《しっぱい》に終《お》わりました。機械《きかい》のせいではありません。たのみにしていた相手《あいて》の助手《じょしゅ》が、ぜんぜん機械《きかい》をあつかえなかったからです。

エジソンは一文《いちもん》なしになってしまいました。そして、ニューヨークにたどりついたときには、空腹《くうふく》をかかえたまま、1個《こ》のパンを買《か》うお金《かね》もありませんでした。

「まあいいさ、なんとかなるだろう。」

そんな気持《きも》ちで歩《ある》いていると、1軒《けん》の食料品店《しょくりょうひんてん》の店先《みせさき》で、主人《しゅじん》が、仕入《しい》れた茶《ちゃ》の味見《あじみ》をしていました。エジソンは、引《ひ》きよせられるように、そのそばに立《た》ちました。

「のどがからからなのです。お茶《ちゃ》をひとくち、ごちそうしてください。」

すると、主人《しゅじん》は、笑顔《えがお》で、

「さあさあ、どうぞ。」

と、熱《あつ》い茶《ちゃ》をいれてくれました。

これがエジソンの、ニューヨークでの朝食《ちょうしょく》になったわけですが、この朝食《ちょうしょく》は、はらにしみわたり、心《こころ》にも、体《からだ》にも、元気《げんき》をあたえてくれました。

それから1時間後《じかんご》、エジソンは、ニューヨークに住《す》む、まだ会《あ》ったこともない友人《ゆうじん》に温《あたた》かくむかえられていました。電信《でんしん》を通《つう》じて知《し》りあった仲間《なかま》のひとりです。

株式相場表示機《かぶしきそうばひょうじき》

ニューヨークの友人《ゆうじん》は、スピード王《おう》の訪《おとず》れをたいへんよろこんで、まず、エジソンのとまる場所《ばしょ》として、ある会社《かいしゃ》の電池室《でんちしつ》を、世話《せわ》してくれました。金相場表示会社《きんそうばひょうじがいしゃ》という、きみょうな名《な》の会社《かいしゃ》です。

こんな会社《かいしゃ》が生《う》まれたのも、南北戦争《なんぼくせんそう》のためでした。戦争《せんそう》についやされるお金《かね》に苦《くる》しんだ政府《せいふ》は、たくさんの紙幣《しへい》を発行《はっこう》しました。そのために紙幣《しへい》の値打《ねう》ちが下《さ》がり、物価《ぶっか》が上《あ》がって、金《きん》の値段《ねだん》が、たえずかわります。そのかわる金相場《きんそうば》を客《きゃく》に知《し》らせる商売《しょうばい》が生《う》まれていたのです。

金相場表示会社《きんそうばひょうじがいしゃ》は、その表示《ひょうじ》に、電信《でんしん》を利用《りよう》していました。エジソンは、そこの電《でん》池室《ちしつ》にとまることになったのです。これは、一流《いちりゅう》のホテルにとまるよりも大《おお》きな幸運《こううん》でした。

この会社《かいしゃ》の表示機《ひょうじき》は、社長《しゃちょう》のローズ博士《はくし》が発明《はつめい》したものだ、ということでした。その表示機《ひょうじき》は、エジソンのつくった株式相場表示機《かぶしきそうばひょうじき》と、理屈《りくつ》は同《おな》じでしたから、かれはたちまち、この機械《きかい》のしくみをすっかり知《し》ってしまいました。

運《うん》の開《ひら》けるきっかけは、すぐにやってきました。とまりこんで2〜3日目《にちめ》の朝《あさ》でした。エジソンが顔《かお》をあらっていると、社内《しゃない》がなんだかざわついているようです。そのうちに、社員《しゃいん》のひとりが電池室《でんちしつ》にやってきて、あれこれ調《しら》べはじめました。

「なにか、起《お》こったのですか。」

すると、社員《しゃいん》はうるさそうに答《こた》えました。

「表示機《ひょうじき》が、故障《こしょう》したんだよ。」

「直《なお》したらいいいじゃありませんか。」

「あたりまえのことを言《い》うな！　かんたんに直《なお》せるなら、苦労《くろう》はしないよ。」

「じゃあ、ぼくが見《み》てみましょう。」

そう言《い》うなり、エジソンは、もう機械《きかい》にとびついて、中《なか》をのぞいていました。

「おいおい、おまえなんかに、直《なお》せるもんじゃないったら！」

あわてる社員《しゃいん》をしりめに、エジソンは、あっちこっちいじっていましたが、まもなく、にっこりふりかえって言《い》いました。

「はい、もういいですよ。」

なるほど、機械《きかい》はみごとにはたらきだしました。集《あつ》まってきた社員《しゃいん》たちは顔《かお》を見《み》あわせました。

やがて出社《しゅっしゃ》してきた社長《しゃちょう》のローズ博士《はくし》は、この話《はなし》を聞《き》いておどろきました。

「その青年《せいねん》を、すぐよんでくれ。」

エジソンが入《はい》ってくると、社長《しゃちょう》は、じっとながめたあと、かんたんに言《い》いました。

「きみ、電池室《でんちしつ》に、ねとまりしてるんだって？」

「はい、お世話《せわ》になっています。」

「この会社《かいしゃ》の機械係《きかいがかり》をやってくれる気《き》はないかね？」

「ひとつ、やってみましょうか。」

「よろしい。じゃ、約束《やくそく》したよ。月給《げっきゅう》は300ドルだ。」

300ドルと聞《き》いて、エジソンは聞《き》きちがえたのではないかと思《おも》いました。なぜなら、思《おも》ってもみない高給《こうきゅう》だったからです。

こうして、ふってわいたように、エジソンは、金相場表示会社《きんそうばひょうじがいしゃ》の技師《ぎし》になりました。

社長《しゃちょう》のローズ博士《はくし》は、のちに、ミズーリ大学《だいがく》の学長《がくちょう》になった人《ひと》です。この人《ひと》が発明《はつめい》した表示機《ひょうじき》は、電気《でんき》を応用《おうよう》した実用機械《じつようきかい》の第《だい》1号《ごう》でした。

エジソンは、この機械《きかい》をたんねんに調《しら》べて、完全《かんぜん》なものにしあげました。そのうちに、南北戦争《なんぼくせんそう》が終《お》わって、アメリカの経済《けいざい》は大混乱《だいこんらん》を起《お》こしましたが、そのなかで、この表示機《ひょうじき》は、目《め》が回《まわ》るようにいそがしくはたらきました。

そこへ、1869年《ねん》9月《がつ》24日《か》の、「暗黒《あんこく》の金曜日《きんようび》」といわれる、大《おお》さわぎが起《お》こったのです。それは、グールドとフィスクというふたりの男《おとこ》が、値段《ねだん》のつりあげをねらって、金《きん》の買《か》いしめをはかった事件《じけん》です。

そのために物価《ぶっか》が上《あ》がって、人《ひと》びとはたいへん苦《くる》しみました。しかし、それをすくうために、政府《せいふ》が金《きん》を放出《ほうしゅつ》したものだから、たちまち、金《きん》の値段《ねだん》が下《さ》がり、買《か》いしめで大金持《おおがねも》ちになった連中《れんちゅう》は、1日《にち》で破産《はさん》するありさまでした。

会社《かいしゃ》の中《なか》も、まるで戦場《せんじょう》のようなさわぎでした。

「まずしいものは幸《さいわ》いなり、だね。1セントの損《そん》もする心配《しんぱい》はないのだから。」

エジソンは、ニューヨークの、例《れい》の友人《ゆうじん》と語《かた》りあったものです。しかし、ローズ博《はく》士《し》の会社《かいしゃ》は、ついに、同《おな》じような仕事《しごと》をしているゴールド・アンド・ストック電信《でんしん》という会社《かいしゃ》に合併《がっぺい》されてしまいました。

それからまもなく、1869年《ねん》10月《がつ》1日《ついたち》づけの『テレグラファー』紙《し》に、次《つぎ》のような広告記事《こうこくきじ》が出《で》ました。

ポープ・エジソン商会《しょうかい》
電気技術《でんきぎじゅつ》および一般電信業務《いっぱんでんしんぎょうむ》
事務所《じむしょ》　ブロードウェー株式取引所《かぶしきとりひきじょ》ビルディング

エジソンと会社《かいしゃ》の仲間《なかま》だったポープが、共同《きょうどう》で仕事《しごと》を始《はじ》めたのです。

そのころのことをエジソンは、こう語《かた》っています。

「ポープたちと仕事《しごと》をするかたわら、わたしは電信印刷機《でんしんいんさつき》をつくった。この新機械《しんきかい》は、金《きん》・株式電報会社《かぶしきでんぽうがいしゃ》にゆずりわたしたが、わたしはこの実験《じっけん》を、ペンシルベニア鉄道《てつどう》のジャージー駅前《えきまえ》にあったブラッドレー医師《いし》の事務所《じむしょ》の一室《いっしつ》でやっていた。毎晩《まいばん》おそくまで実験《じっけん》をして、午前《ごぜん》1時の汽車《きしゃ》に乗《の》って、ニュージャージー州《しゅう》のポープの家《いえ》に帰《かえ》る。朝《あさ》は6時《じ》に起《お》きて、7時《じ》の汽車《きしゃ》で、ニューヨークの事務所《じむしょ》に出《で》かける。――これがわたしの毎日《まいにち》の生活《せいかつ》だった。」

つまり、一日《いちにち》に4時間《じかん》しかねないで、発明《はつめい》に打《う》ちこんでいたのです。

そこで始《はじ》めた株式相場表示機《かぶしきそうばひょうじき》の改良研究《かいりょうけんきゅう》は、いままでたびたび研究《けんきゅう》していたものでしたから、次《つぎ》から次《つぎ》へと、すばらしいアイディアが生《う》まれてきました。

このあいだにエジソンは、たくさんの特許《とっきょ》をとりました。電信印刷機《でんしんいんさつき》、電報《でんぽう》スイッチ、改良電報機《かいりょうでんぽうき》などです。そして、ついに、エジソンに大《おお》きな幸運《こううん》をもたらすことになる、エジソン式株式相場表示機《しきかぶしきそうばひょうじき》を発明《はつめい》しました。

「ある日《ひ》、ゴールド・アンド・ストック社《しゃ》の社長《しゃちょう》からよばれたので、急《いそ》いで社長室《しゃちょうしつ》へ行《い》くと、社長《しゃちょう》はわたしを見《み》るなり、

『エジソン君《くん》。きみの発明《はつめい》した株式相場表示機《かぶしきそうばひょうじき》の権利《けんり》をゆずってもらいたいのだが、いくらならいいかね。』

と切《き》りだした。わたしは、5000ドルなら売《う》りわたしていいと考《かんが》えていたが、そう言《い》うと、3000ドルぐらいに、値切《ねぎ》られるかもしれないと思《おも》って、

『社長《しゃちょう》は、いくらなら買《か》いますか。』

と、ぎゃくにたずねてみた。社長《しゃちょう》は、ちょっと考《かんが》えていたが、

『4万《まん》ドルならどうだね。』

わたしは、それを聞《き》いて、あぶなく気《き》が遠《とお》くなるところだった。」

エジソンは、こう語《かた》っていますが、とにかくそれは、とほうもない大金《たいきん》でした。

その4万《まん》ドルの小切手《こぎって》を手《て》にしたエジソンは、急《いそ》いでニューヨーク銀行《ぎんこう》の窓口《まどぐち》へ行《い》きました。だが、小切手《こぎって》の裏《うら》にサインすることを知《し》らなかったので、銀行《ぎんこう》の出納係《すいとうがかり》は、だまって小切手《こぎって》をつっかえしました。

(社長《しゃちょう》に、からかわれた!)

と思《おも》ったエジソンは、すぐ会社《かいしゃ》へもどって、社長《しゃちょう》に食《く》ってかかりました。

社長《しゃちょう》は、ひっくりかえってわらいましたが、すぐ、サインすることを教《おし》え、念《ねん》のため、秘書《ひしょ》をつけてやりました。

出納係《すいとうがかり》は、この話《はなし》を聞《き》いて、おかしくてたまらず、さらにからかってやろうと、4万《まん》ドルを、ぜんぶ1ドル紙幣《しへい》でわたしました。

「縦《たて》・横《よこ》・高《たか》さとも、30センチメートルはあったね。あのときばかりは、ぼうっとしたよ。」

と、エジソンがわらって話《はな》したのは、あとになってからで、このときは夢中《むちゅう》です。1ドル紙幣《しへい》を、ポケットというポケットにねじこんで帰《かえ》りましたが、一晩中《ひとばんじゅう》、心配《しんぱい》でねむれなかったそうです。

あくる日《ひ》、その話《はなし》を聞《き》いた社長《しゃちょう》は、今度《こんど》は、銀行預金《ぎんこうよきん》のしかたを教《おし》えねばなりませんでした。

こうして、エジソンは大金持《おおがねも》ちになったのです。かれは、それを資金《しきん》に、エジソン式万能印刷機《しきばんのういんさつき》の製造工場《せいぞうこうじょう》をつくりました。23～24歳《さい》のときです。

ついで、ニューアークに、新《あたら》しく大《おお》きな工場《こうじょう》をつくりました。おおぜいの技術者《ぎじゅつしゃ》を使《つか》って、いろいろな電気機械《でんききかい》を製造《せいぞう》したのです。

そうして、29歳《さい》になるまで7年間《ねんかん》、この工場《こうじょう》をつづけましたが、そのあいだも発明《はつめい》に次《つ》ぐ発明《はつめい》で、およそ200件《けん》の特許《とっきょ》をとりました。

14日《か》ごとにひとつの発明《はつめい》

エジソンの工場《こうじょう》は、まるで、電気機械《でんききかい》の発明工場《はつめいこうじょう》でした。よいことを考《かんが》えつくと、エジソンを中心《ちゅうしん》に、工場《こうじょう》の全員《ぜんいん》がそれに力《ちから》を入《い》れます。

「エジソンの工場《こうじょう》の時計《とけい》には、針《はり》がなかった。」という言葉《ことば》があります。つまり、その工場《こうじょう》では、みんな、時間《じかん》をわすれてはたらいたのです。

エジソン自身《じしん》が、時間《じかん》などからはなれて仕事《しごと》に打《う》ちこむ人《ひと》でした。60時間《じかん》ぶっつづけで仕事《しごと》にとりくんだことさえあります。みんな、エジソンを尊敬《そんけい》していましたから、だれひとり文句《もんく》をいうものはいなかったのです。

エジソンの工場《こうじょう》の一室《いっしつ》をかりて、実験室《じっけんしつ》にしている発明家《はつめいか》がいました。かれは助手《じょしゅ》をひとり使《つか》っていましたが、この助手《じょしゅ》の働《はたら》きぶりは、じつにたいへんなものでした。

エジソンは、ある日《ひ》、この助手《じょしゅ》を、そっとよびました。

「きみ、いまいくらではたらいていますか。」

「週《しゅう》21ドル50セントです。」

「どうだろう。60ドル出《だ》すが、わたしのところの工場監督《こうじょうかんとく》に来《き》てもらえないだろうか。」

男《おとこ》はためらいました。

「さあ、……わたしにつとまるかどうか……。」

しかし、エジソンは、むりやりに承知《しょうち》させて、ふたつの工場《こうじょう》を監督《かんとく》させました。

「わたしは、これほどの実行力《じっこうりょく》のある人《ひと》を見《み》たことがない。」

と、エジソンは語《かた》っていますが、かれは3か月《げつ》のうちに、工場《こうじょう》の生産《せいさん》を2倍《ばい》に上《あ》げてしまいました。べつに、新《あたら》しい機械《きかい》や人手《ひとで》をふやしたわけではありません。ただ、機《き》械《かい》を速《はや》く使《つか》うことを実行《じっこう》したのです。

まだ25歳《さい》のエジソンでしたが、もう、これだけ、人《ひと》を見《み》ぬく力《ちから》をもっていたのです。そうして、かれとその工員《こういん》たちは、つぎつぎに発明《はつめい》し、それを、つぎつぎに製品《せいひん》にして、町《まち》に送《おく》りだしたのです。

アメリカの特許局《とっきょきょく》では、エジソンのことを、「特許局《とっきょきょく》への道《みち》が熱《あつ》くなるほどやってくる青年《せいねん》」とよびました。はじめて特許《とっきょ》を申請《しんせい》した1868年《ねん》から、1910年《ねん》の夏《なつ》までに、エジソンの名《な》でアメリカ国内《こくない》でみとめられた特許願《とっきょねがい》が1093。平均《へいきん》すると1年間《ねんかん》に26、つまり、14日《か》ごとにひとつの発明《はつめい》が生《う》まれていたことになります。

いちばんはげしかったのは、1882年《ねん》でした。その1年間《ねんかん》に、特許願《とっきょねがい》が141、許可《きょか》されたのが75。計算《けいさん》すると、3日《みっか》にひとつの新発明《しんはつめい》が生《う》まれたことになります。

ところで、発明《はつめい》したものは、みんな特許《とっきょ》をとる、というものではありません。仕事《しごと》の秘密《ひみつ》を守《まも》る場合《ばあい》や、あるいは、自分《じぶん》の工場《こうじょう》の機械《きかい》の改良《かいりょう》などは、情報《じょうほう》を公開《こうかい》したくないからです。

そういうことを勘定《かんじょう》すると、もう、エジソンの発明《はつめい》の数《かず》はわからなくなってしまいます。

エジソンは、電信手《でんしんしゅ》から出発《しゅっぱつ》しました。ですから、青年時代《せいねんじだい》の発明《はつめい》は、たいてい、電信関係《でんしんかんけい》の機械《きかい》につながるものでした。そのなかのひとつに、キーボードを打《う》って文《も》字《じ》を印字《いんじ》するタイプライターという機械《きかい》があります。

１８７１年《ねん》のある日《ひ》、クレイグという新聞記者《しんぶんきしゃ》が、ショールズという人《ひと》をつれてきました。ショールズは、自分《じぶん》で考案《こうあん》した木製《もくせい》タイプライターの模型《もけい》を見《み》せて、どんなものでしょう、と聞《き》きにきたのです。エジソンは、それをていねいに見《み》てから言《い》いました。

「これは、使《つか》いものになりませんね。」

ショールズはおどろいて、

「ど、どこが悪《わる》いのですか？」

「まず、文字《もじ》の配列《はいれつ》がよくないですね。……よろしい、わたしが、この模型《もけい》をもとにして、うまいものをつくってあげよう。」

こうして、エジソンの手《て》で研究改良《けんきゅうかいりょう》され、実用化《じつようか》されたのが、レミントン・タイプライターというものです。

このように、日《ひ》の出《で》の勢《いきお》いだったその年《とし》は、エジソンにとって、悲《かな》しい年《とし》でもありました。母《はは》のナンシーが、ついに61歳《さい》で亡《な》くなったのです。

「わたしの成功《せいこう》は、すべて母《はは》のおかげ。」

それがエジソンの口《くち》ぐせでした。

愛情深《あいじょうぶか》い母《はは》であると同時《どうじ》に、ただひとりの先生《せんせい》だった母《はは》。注意深《ちゅういぶか》く才能《さいのう》をのばしてくれた、かけがえのない母《はは》。エジソンのまぶたに、株式相場表示機《かぶしきそうばひょうじき》の4万《まん》ドルで、ニューアークに工場《こうじょう》をもったときの、お母《かあ》さんのうれしそうな顔《かお》が大《おお》きくうかびました。

「もう、あの顔《かお》を見《み》ることはできない……。」

エジソンは、悲《かな》しみのかぎり泣《な》きました。

エジソンの工場《こうじょう》に、メリー・スティルウェルという娘《むすめ》がつとめていました。なかなか頭《あたま》がよく、勉強家《べんきょうか》でもありましたので、エジソンは実験《じっけん》の助手《じょしゅ》として使《つか》っていました。

このメリーは、顔《かお》だちがきれいなばかりでなく、気持《きも》ちもすぐれてやさしい娘《むすめ》で、エジソンの母《はは》の死《し》に同情《どうじょう》して、いつもエジソンを心《こころ》からなぐさめてくれました。

エジソンは、強《つよ》く感動《かんどう》しました。ふたりは、ナンシーの亡《な》くなった年《とし》に結婚《けっこん》しました。そして、1874年《ねん》には、工場《こうじょう》をあげて研究《けんきゅう》していた二重電信《にじゅうでんしん》の同時通信法《どうじつうしんほう》が、ついに完成《かんせい》しました。

二重電信《にじゅうでんしん》というのは、1本《ぽん》の線《せん》でふたつの通信《つうしん》を送《おく》ることですが、エジソンの工場《こうじょう》では、たがいに、強《つよ》さ、性質《せいしつ》のちがったふたつの電信《でんしん》を、1本《ぽん》の線《せん》で、同時《どうじ》に、べつべつに送《おく》ることに成功《せいこう》したのです。思《おも》えば、ニューヨークで研究《けんきゅう》しはじめてから、もう4年《ねん》たっていました。

この二重電信《にじゅうでんしん》の成功《せいこう》は、ほぼ同時期《どうじき》に四重電信《よんじゅうでんしん》の発明《はつめい》も成功《せいこう》させ、さらに、多重式《たじゅうしき》自動電信機《じどうでんしんき》が生《う》まれることになりました。

こうしてエジソンは、1分間《ぷんかん》に3500語《ご》を送《おく》る電信機《でんしんき》をつくりあげたのですが、この発明《はつめい》のおかげで、電線《でんせん》がひじょうに節約《せつやく》できるようになり、アメリカでは、電線《でんせん》の費用《ひよう》だけでも、1500万《まん》ドルから2000万《まん》ドルを節約《せつやく》できたのです。ただの電信手《でんしんしゅ》から出発《しゅっぱつ》して、いまやエジソンは、世界《せかい》の電信技術《でんしんぎじゅつ》を最高《さいこう》のところまで発達《はったつ》させたのです。

さて、ここまできて、エジソンを、電信技術《でんしんぎじゅつ》の発明《はつめい》から、べつの方向《ほうこう》へ進《すす》ませる事件《じけん》が起《お》こりました。グールドという、あくどい事業家《じぎょうか》にぶつかったのです。

グールドは、電信事業《でんしんじぎょう》を支配《しはい》しようとし、そのために、ウェスタン・ユニオン電信《でんしん》会社《がいしゃ》の社長《しゃちょう》のいすをねらいました。その武器《ぶき》として目《め》をつけたのが、エジソンの四重《よんじゅう》電信機《でんしんき》でした。かれはその製造会社《せいぞうがいしゃ》を400万《まん》ドルで買《か》いたい、と申《もう》しいれてきました。

ちょうど、会社《かいしゃ》の経営《けいえい》が苦《くる》しいときだったので、エジソンはグールドとの契約《けいやく》に応《おう》じました。

グールドは、エジソンの電信機《でんしんき》が使《つか》えることを武器《ぶき》として、ウェスタン・ユニオンの社長《しゃちょう》におさまりました。しかし、エジソンに約束《やくそく》したお金《かね》は、すこしもはらわないのです。

エジソンは訴訟《そしょう》を起《お》こしましたが、どうにもなりませんでした。グールドの野心《やしん》は成功《せいこう》し、アメリカの電信事業《でんしんじぎょう》は、かれに独占《どくせん》されてしまいました。

もはや、どんなにすぐれた発明《はつめい》も、電信関係《でんしんかんけい》のものは、みんなグールドのものになってしまうのです。

「わたしは、世《よ》の中《なか》の人《ひと》みんなのために発明《はつめい》に打《う》ちこんでいるのだ。悪徳業者《あくとくぎょうしゃ》を太《ふと》らせる発明《はつめい》をしたってしようがない。」

こうしてエジソンは、長《なが》いあいだやってきた電信関係《でんしんかんけい》の発明《はつめい》をやめてしまいました。電信技術《でんしんぎじゅつ》に革命《かくめい》を起《お》こすほどの発明《はつめい》をしながら、自分個人《じぶんこじん》の利益《りえき》を得《え》ることは、ほとんどなかったのでした。

電話機《でんわき》の発明競争《はつめいきょうそう》

その後《ご》も、ニューアークのエジソンの工場《こうじょう》は、多《おお》くの発明品《はつめいひん》と、多《おお》くのすぐれた技術者《ぎじゅつしゃ》を世《よ》に送《おく》りだしました。

発明品《はつめいひん》では、複写機《ふくしゃき》、電気《でんき》ペン、火災報知機《かさいほうちき》、パラフィン紙《し》……。技術者《ぎじゅつしゃ》では、ドイツの有名《ゆうめい》なシュッケルト電気会社《でんきがいしゃ》をつくったシュッケルト、同《おな》じく、ドイツの大電《だいでん》気会社《きがいしゃ》の社長《しゃちょう》となったベルクマン、ゼネラル・エレクトリックの技師長《ぎしちょう》となったクルージ……。みんな、エジソンが養成《ようせい》し、エジソンの仕事《しごと》によろこんで協力《きょうりょく》した人《ひと》たちです。

1876年《ねん》、エジソンは、広《ひろ》くて静《しず》かな場所《ばしょ》をもとめて、ニュージャージー州《しゅう》のメンロパークに新《あたら》しい研究所《けんきゅうじょ》をたてました。

このメンロパークの研究所《けんきゅうじょ》から生《う》まれる多《おお》くの発明《はつめい》が、現代世界《げんだいせかい》の文明《ぶんめい》に大《おお》きな役《やく》割《わり》をはたすことになるのです。その第《だい》1号《ごう》は、電話機《でんわき》の発明《はつめい》でした。

エジソンが生《う》まれる10年《ねん》まえ、ページというアメリカ人《じん》が、おもしろいことを発見《はっけん》しました。鉄《てつ》の棒《ぼう》に針金《はりがね》をまいて、電流《でんりゅう》を入《い》れたり切《き》ったり、ひじょうに速《はや》くくりかえすと、鉄《てつ》が磁化《じか》されたり、磁力《じりょく》をうしなったりするにつれて、鉄《てつ》の棒《ぼう》が音《おと》を出《だ》す、というのです。

それを利用《りよう》して、ドイツ人《じん》のライスは、遠《とお》くへ音《おと》を送《おく》る機械《きかい》をつくりました。これが電話機《でんわき》の出発点《しゅっぱつてん》です。

その後《ご》、たくさんの人《ひと》が、声《こえ》を送《おく》る研究《けんきゅう》をしましたが、電流《でんりゅう》を入《い》れたり切《き》ったりで音《おと》を出《だ》すだけでは、とてもむりです。

そしてついに、メンロパークのエジソンが、この電話機《でんわき》の研究《けんきゅう》に乗《の》りだしたのですが、ちょうど同《おな》じころ、同《おな》じアメリカ人《じん》のグラハム・ベルとエリシャ・グレーのふたりもまた、それぞれ、電話機《でんわき》の発明《はつめい》を始《はじ》めました。

ベルも、グレーも、エジソンも、ライスのやり方《かた》ではだめだと、同《おな》じように考《かんが》えて

いました。

さあ、この3人《にん》は、同《おな》じスタート台《だい》に立《た》ったのです。

エジソンは、電流《でんりゅう》の強《つよ》さの変化《へんか》によって、磁力《じりょく》を変化《へんか》させ、それを利用《りよう》して鉄板《てっぱん》を振動《しんどう》させることを考《かんが》えました。これは、いまの電話《でんわ》の原理《げんり》と同《おな》じなのですが、ベルもグレーも、やはり、エジソンとまったく同《おな》じことを考《かんが》えつきました。

1876年《ねん》1月《がつ》14日《か》、エジソンは、電話機発明《でんわきはつめい》の予告《よこく》を、特許局《とっきょきょく》に出《だ》しました。するとどうでしょう。それから1月目《ひとつきめ》の2月《がつ》14日《か》、ベルとグレーが、ぐうぜんにも同《おな》じ日《ひ》に、電話機《でんわき》の特許《とっきょ》を申《もう》しでました。ふたりは、電話機《でんわき》の模型《もけい》をつけて出《だ》したのです。

特許局《とっきょきょく》では、おどろきました。だが、エジソンは予告《よこく》だけでしたので、特許《とっきょ》はあたえられません。ベルとグレーのふたりについては、ベルのほうが2時間早《じかんはや》く特許局《とっきょきょく》へ行《い》ったというので、ついにこれは、ベルの発明《はつめい》ということになりました。

だが、ベルの電話機《でんわき》では、送話器《そうわき》が不完全《ふかんぜん》で、音《おと》が小《ちい》さく、よく聞《き》こえません。

そこでエジソンは、研究所員《けんきゅうしょいん》を集《あつ》めて、相談《そうだん》しました。

「ベルの電話機《でんわき》は、声《こえ》が小《ちい》さくて、実用《じつよう》になるとは思《おも》えない。そこで、送話器《そうわき》のマイクロホンを改良《かいりょう》して、実用的《じつようてき》な電話《でんわ》をつくろうじゃないか。」

エジソンはまず、声《こえ》の振動《しんどう》が、どうやったら、受話器《じゅわき》まで流《なが》れていく電流《でんりゅう》の強《つよ》さに大《おお》きな変化《へんか》をあたえられるだろうか、と考《かんが》えてみました。

「電流《でんりゅう》の強《つよ》さは、電気抵抗《でんきていこう》がかわれば、かわるわけだ。」

そこで、いろいろな金属《きんぞく》の粉《こな》を小箱《こばこ》に入《い》れて、電流《でんりゅう》を通《とお》しながら振動《しんどう》をあたえてみました。だが、これでは電流《でんりゅう》が流《なが》れすぎてだめです。

それでは、電流《でんりゅう》が流《なが》れにくいものがいいだろうと、木炭《もくたん》をつくりました。それを大《おお》つぶ・小《こ》つぶ、いろいろにくだいて小箱《こばこ》に入《い》れ、さまざまに実験《じっけん》をしていましたが、とつぜん、大声《おおごえ》でさけびました。

「マッケンジーさん！　ちょっときてください！」

マッケンジー――それは、エジソンに子《こ》どもの命《いのち》をすくわれ、そして、エジソンに電信技術《でんしんぎじゅつ》を教《おし》えた、あの駅長《えきちょう》です。いまは、駅長《えきちょう》をやめ、エジソンに熱《あつ》くむかえられて、ここではたらいているのです。

「おお、マイ・ボーイ。また、なにかやっつけたのかい。」

マッケンジーは、エジソンを、いつまでたっても子《こ》どもあつかいです。エジソンは、にこにこわらっています。

「これを、あなたの部屋《へや》まで引《ひ》っぱっていって、耳《みみ》を当《あ》ててみてください。」

「よしきた。ベルのやつを負《ま》かすんだな。」

マッケンジーは、長《なが》いコードをたらして、受話器《じゅわき》をかかえて出《で》ていきました。エジソンは黒《くろ》い小箱《こばこ》についた、小《ちい》さなラッパに口《くち》を近《ちか》づけて、話《はな》しかけました。

「もしもし、聞《き》こえますか、マッケンジーさん。」

エジソンが、そう言《い》ったとたんに、もうマッケンジーが、とんできました。

「すごいぞ、マイ・ボーイ！　わしの耳《みみ》に口《くち》を当《あ》てて話《はな》したみたいだったよ。」

エジソンの炭素送話器《たんそそうわき》は、こうしてできあがったのです。

これは、1930年代《ねんだい》から日本《にっぽん》で長《なが》いあいだ使《つか》われていた「黒電話《くろでんわ》」の送話器《そうわき》とまったく同《おな》じものです。そして、ベルの電話機《でんわき》ではどうにもならなかった遠距離通話《えんきょりつうわ》――ニューヨークとフィラデルフィア、ニューヨークとワシントンをつなぐ通話《つうわ》に成功《せいこう》したのです。

この炭素《たんそ》マイクロホンの特許《とっきょ》は、まもなく、ウェスタン・ユニオン電信会社《でんしんがいしゃ》が10万《まん》ドルでゆずりうけました。

こうして、電話機《でんわき》の発明《はつめい》はベルにとられましたが、ほんとうに使《つか》えるようにしたことでは、またしてもエジソンの勝《か》ちとなったのです。

蓄音機第1号《ちくおんきだいごう》

エジソンの数《かぞ》えきれない発明《はつめい》のうちでも、世界《せかい》をいちばんびっくりさせ、エジソン自身《じしん》も、いちばん満足《まんぞく》した発明《はつめい》は、蓄音機《ちくおんき》です。

エジソンがおさなかったころ、家《いえ》のかべには、はと時計《どけい》がかかっていました。時間《じかん》が来《く》ると、はとが顔《かお》を出《だ》して、ポッポッポッと鳴《な》きます。それを見《み》るたびに、時計《とけい》がものを言《い》ったら、おもしろいだろうな、と考《かんが》えたものです。

また、姉《あね》のタニーがかわいがっていた人形《にんぎょう》は、だきおこすと、「ママー。」と言《い》いましたが、エジソンは、もっといろいろおしゃべりしないかなと思《おも》いました。

そのようなおさない日《ひ》の夢《ゆめ》が、いつしかエジソンを蓄音機《ちくおんき》の発明《はつめい》へと、みちびいたのでしょう。

この蓄音機《ちくおんき》の発明《はつめい》こそ、「人《ひと》びとをよろこばせる」ということを心《こころ》からねがっていたエジソンにとって、ほんとうに満足《まんぞく》できる仕事《しごと》だったにちがいありません。エジソンは、人《ひと》がよろこぶのを見《み》るのが、なによりもうれしかったのです。だから、エジソンの発明《はつめい》のなかには、大砲《たいほう》だとか、爆弾《ばくだん》だとか、毒《どく》ガスだとかいったおそろしいものは、ひとつもありません。

また、蓄音機《ちくおんき》を発明《はつめい》して、それがほんとうにほこらしく思《おも》えたのは、ほかの発明《はつめい》の多《おお》くが、人《ひと》の失敗《しっぱい》からヒントを得《え》たものだったのに対《たい》し、蓄音機《ちくおんき》だけは、まったくエジソンの独特《どくとく》の考《かんが》えから生《う》まれたものだったからです。

さて、ある日《ひ》、エジソンは、遊《あそ》び半分《はんぶん》に、おもちゃをこしらえてみました。

それは、ひとつのラッパで、それに口《くち》を当《あ》てて、

「メリーさんのひつじ……。」

と、童謡《どうよう》を歌《うた》うのです。すると、机《つくえ》の上《うえ》においた、きこり人形《にんぎょう》が、のこぎりで木《き》を切《き》りだすのです。

それは、こんなしかけになっていたのです。歌声《うたごえ》で、ラッパにとりつけられた振動《しんどう》板《ばん》がふるえると、それについたてこがゆれて、歯車《はぐるま》をおしおくります。歯車《はぐるま》には、ひものかかった滑車《かっしゃ》がついていて、そのひもが人形《にんぎょう》を動《うご》かすのです。

エジソンは、仕事《しごと》につかれると、歌《うた》を歌《うた》ってはその人形《にんぎょう》を動《うご》かして、楽《たの》しみました。ところが、そのうちに、

「声《こえ》が、うす板《いた》を振動《しんどう》させる力《ちから》って、ずいぶん強《つよ》いものだなあ。」

と思《おも》ったのです。すると、おもしろい考《かんが》えがうかんできました。

「この声《こえ》の振動《しんどう》で、針《はり》の先《さき》を動《うご》かし、それで回転円盤《かいてんえんばん》に波形《なみがた》をきざんだら、それは声《こえ》の波形《なみがた》になるだろう。そうだ！　それなら、ぎゃくに、その波形《なみがた》で針《はり》の先《さき》を動《うご》かして、それでうす板《いた》を振動《しんどう》させたら、声《こえ》が出《で》るかもしれないぞ。」

さあ、こうなると、いても立《た》ってもいられません。すぐに実験《じっけん》にとりかかりました。

円盤《えんばん》はむずかしいので、回転《かいてん》する円筒《えんとう》にし、円筒《えんとう》の面《めん》に、らせん状《じょう》のみぞを切《き》りこみました。そして、そのみぞの中《なか》に錫箔《すずはく》を入《い》れました。これを手《て》で回《まわ》しながら、ラッパの振動板《しんどうばん》についた針《はり》の先《さき》を、このみぞに入《い》れてすべらせると、声《こえ》が波形《なみがた》にきざまれます。そこで今度《こんど》は、円筒《えんとう》を回《まわ》して、みぞの中《なか》に針《はり》をすべらせると、らっぱから音《おと》が出《で》るだろうと考《かんが》えたのです。

ねずに考《かんが》えたすえ、ようやく設計図《せっけいず》ができあがると、エジソンは、細《こま》かい機械《きかい》をつくることなら名人《めいじん》だという、クルージという男《おとこ》をよんで、それをわたしました。

「大急《おおいそ》ぎだよ。特別大事《とくべつだいじ》なものだからね。」

「え、これがですか？　いったい、なんに使《つか》うものです？」

「そいつは、できたときのお楽《たの》しみだ。」

いくら首《くび》をひねって考《かんが》えても、それがいったいなんの機械《きかい》だか、クルージには、見当《けんとう》もつきません。わけがわからないままに、設計図《せっけいず》どおりにつくりあげて、エジソンのところへ持《も》ってきました。

「うん、よくできた。それじゃ、すぐ所員全員《しょいんぜんいん》を集《あつ》めてくれ。重大発表《じゅうだいはっぴょう》を行《おこな》う。」

エジソンが、まるで大統領《だいとうりょう》のようなことを言《い》いだしたので、みんなは、なにごとかと集《あつ》まってきました。

見《み》ると、きみょうな円筒《えんとう》に、ハンドルのついた機械《きかい》を前《まえ》にして、エジソンが、しかつめらしい顔《かお》をしています。そして、おもおもしい調子《ちょうし》で、

「さて、諸君《しょくん》。この機械《きかい》が、これから歌《うた》を歌《うた》う。」

と言《い》いだしたから、みんなは、にやにやとわらいだしました。マッケンジーなどは、

「わっはっはっは……。」

と、声《こえ》を上《あ》げてわらいだすしまつです。クルージは、

「つくっているあいだ、ちっとも、歌《うた》いませんでしたがねえ……。」

いかにも、不思議《ふしぎ》そうです。

エジソンは、そんなみんなにかまわず、機械《きかい》のハンドルを回《まわ》しながら、いつもの『メリーさんのひつじ』という童謡《どうよう》を歌《うた》いはじめました。

「メリーさんのひつじ……。」

その歌《うた》が、あんまりとっぴょうしもないので、みんなは、わらいをこらえるのに苦《くる》しみましたが、メリー夫人《ふじん》は、とうとう、おなかをおさえて、ふきだしてしまいました。

けれども、エジソンは、大真面目《おおまじめ》です。すまして歌《うた》いおわると、円筒《えんとう》の上《うえ》の針《はり》をおきかえ、だまってハンドルを回《まわ》しはじめました。とたんに、

「あっ!」

みんなの顔《かお》が、こわばりました。機械《きかい》から、いまエジソンが歌《うた》った『メリーさんのひつじ』が聞《き》こえてきたからです。

クルージは、ぶるぶるふるえながら、いのりをつぶやきました。

「マイン　ゴッド　イン　ヒンメル……。」

ドイツ語《ご》で、「天《てん》にましします、わが神《かみ》よ。」という意味《いみ》です。おどろきのあまり、ふるさとのドイツ語《ご》がとびだしたのです。

みんなは、この機械《きかい》をとりかこんで、歌《うた》ったり、楽器《がっき》を鳴《な》らしたりして、いろいろな音《おと》をふきこみ、一晩中《ひとばんじゅう》、だれもねようとはしませんでした。

エジソン自身《じしん》、このときのことを、こう言《い》っています。

「考《かんが》えたものが、そのとおりにできあがると、いつでも、薄気味悪《うすきみわる》いものだ。だが、あの蓄音機《ちくおんき》が鳴《な》りだしたときは、背筋《せすじ》が寒《さむ》くなるような気《き》がした。」

あくる朝《あさ》、エジソンは、ニューヨークの科学雑誌《かがくざっし》『サイエンティフィック・アメリカン』の編集長《へんしゅうちょう》ビーチの部屋《へや》をおとずれました。

「朝早《あさはや》くから、どうしたのですか？」

「きみに見《み》せたいものがあってね。びっくりしちゃいけないぜ。」

エジソンは、つつみをほどいて、蓄音機第《ちくおんきだい》1号《ごう》をとりだしました。そして、昨日《きのう》やったとおり、「メリーさんの……。」をやってみせました。

さあ、たいへんです。編集長《へんしゅうちょう》のビーチ氏《し》は、自分《じぶん》の部屋《へや》の床《ゆか》が、ぬけはしないかとはらはらしました。たちまち、おしあいへしあいのさわぎになったのです。

その話《はなし》が新聞《しんぶん》に出《で》ると、いよいよたいへんなさわぎです。新聞記者《しんぶんきしゃ》、小説家《しょうせつか》、学校《がっこう》の先生《せんせい》などが、ひっきりなしに見学《けんがく》にやってきました。

それからまもなく、さらに大《おお》きい蓄音機《ちくおんき》がつくられ、だれにでも見《み》せますという広告《こうこく》が出《だ》されたので、人《ひと》びとは、どっと、メンロパークにおしよせました。そのため、ペンシルベニア鉄道《てつどう》は、毎日《まいにち》、特別列車《とくべつれっしゃ》をしたてなければなりませんでした。

ときの大統領《だいとうりょう》ヘイズも、この話《はなし》を聞《き》いて、エジソンをホワイトハウスにまねきました。大統領《だいとうりょう》をはじめ、おおぜいの議員《ぎいん》の前《まえ》で、何度《なんど》も何度《なんど》も実験《じっけん》をくりかえしたおかげで、エジソンがホワイトハウスを出《で》たのは、午前《ごぜん》3時半《じはん》になってしまったほどでした。

電灯《でんとう》の誕生《たんじょう》

エジソンが蓄音機《ちくおんき》をつくっていたころ、夜《よる》のくらしは、ほんとうに不便《ふべん》でした。ろうそくも油《あぶら》も高《たか》く、それも、手《て》もとをわずかにてらすだけです。夜《よる》になると、多《おお》くの人《ひと》はねてしまうほかありませんでした。

この世界《せかい》に、電灯《でんとう》という灯《あか》りをつくりだすことで、エジソンは、人間《にんげん》の生活《せいかつ》、世《よ》の中《なか》の働《はたら》きを、すっかりかえてしまいました。夜《よる》の闇《やみ》をなくしてしまったからです。人《ひと》びとは、どんな時刻《じこく》にも勉強《べんきょう》できるようになり、はたらけるようになりました。そのため、みんなの知識《ちしき》が広《ひろ》まり、物《もの》がたくさんつくれるようになりました。エジソンの電灯《でんとう》は、ただ夜《よる》の世界《せかい》を明《あか》るくしただけではなく、生活全体《せいかつぜんたい》を明《あか》るくし、世《よ》の中《なか》を進歩《しんぽ》させ、発達《はったつ》させたのです。

長《なが》い人類《じんるい》の歴史《れきし》のなかで、たいまつ、カンテラ、行灯《あんどん》、石油《せきゆ》ランプなどの灯《あか》りにつづいて、はじめて夜《よる》を明《あか》るくした発明《はつめい》は、1792年《ねん》の、イギリス人《じん》マードックのガス灯《とう》でした。それは、石炭《せきたん》からコークスをつくるときに出《で》る石炭《せきたん》ガスを使《つか》ったものでした。けれども、このガス灯《とう》は、どこの家《いえ》でも使《つか》えるものではありませんでした。

電灯《でんとう》の研究《けんきゅう》は、エジソンの生《う》まれるまえから行《おこな》われていました。

1808年《ねん》、イギリスのデービーという人《ひと》が、電気《でんき》の灯《あか》りを発明《はつめい》しました。アーク灯《とう》のことです。

デービーは、2000個《こ》もの電池《でんち》をつなぎ、ある実験《じっけん》を始《はじ》めようとしていました。そして、電池《でんち》から出《で》た2本《ほん》の針金《はりがね》に木炭《もくたん》をむすびつけましたが、木炭《もくたん》どうしがふれあった瞬間《しゅんかん》、ぱっと強《つよ》い光《ひかり》が出《で》ました。これが、アーク灯《とう》を思《おも》いついたきっかけです。

炭素棒《たんそぼう》を使《つか》ったアーク灯《とう》は、パリの劇場《げきじょう》などで、ろうそく代《が》わりの照明《しょうめい》に使《つか》われましたが、炭素棒《たんそぼう》は、すぐ焼《や》けてへるし、とても家庭用《かていよう》には使《つか》えません。

なんとか、家庭《かてい》で使《つか》える電灯《でんとう》をと、細《ほそ》い炭素棒《たんそぼう》や白金線《はっきんせん》を電流《でんりゅう》で白熱《はくねつ》させてみたりしているうちに、真空《しんくう》ポンプが発明《はつめい》されました。そして、真空《しんくう》の中《なか》で、炭素《たんそ》や白金《はっきん》を熱《ねっ》してみると、アーク灯《とう》より、ずっと電流《でんりゅう》を食《く》わず、しかも、やわらかい光《ひかり》を出《だ》すことがわかってきました。

しかし、実際《じっさい》に使《つか》えるような電灯《でんとう》が、どうしてもできません。

そして、1878年《ねん》、ついにエジソンが乗《の》りだすことになったのです。蓄音機《ちくおんき》を発《はつ》明《めい》した、次《つぎ》の年《とし》です。

その年《とし》の7月《がつ》、エジソンは、ペンシルベニア大学《だいがく》のバーカー教授《きょうじゅ》から、日食《にっしょく》の観測《かんそく》にまねかれて、ロッキー山脈《さんみゃく》のふもとのワイオミングへやってきました。この観測《かんそく》では、エジソンの発明《はつめい》した測定器《そくていき》を使《つか》って、皆既日食《かいきにっしょく》のときにできる青白《あおじろ》い輪《わ》、太陽《たいよう》コロナの温度《おんど》を測《はか》ることになっていました。

観測《かんそく》が終《お》わって、エジソンとバーカー教授《きょうじゅ》は、コロラドまで狩《か》りに出《で》かけることになりました。そのみちみち、バーカー教授《きょうじゅ》が言《い》いました。

「まえから、あなたにすすめたいと思《おも》っていたのですがね、エジソンさん。ひとつ、電灯《でんとう》の研究《けんきゅう》をやってみませんか。」

「ああ、電灯《でんとう》ですか。わたしも、アーク灯《とう》のいたずらもしてみたことがあるんですが……。まあ、電灯《でんとう》は、わたしの夢《ゆめ》でもあるんです。」

「わたしの友人《ゆうじん》のウォーレスが、長年《ながねん》、アーク灯《とう》を研究《けんきゅう》しているが、わたしは、あのやり方《かた》では、だめだと思《おも》いますね。電流《でんりゅう》を細《こま》かく、いくつもの線《せん》に分《わ》けて、白熱電灯《はくねつでんとう》のやり方《かた》でいくべきだと思《おも》うんですがね。」

「電気学者《でんきがくしゃ》たちは、それを不可能《ふかのう》だと言《い》ってますね。」

「ですから、あなたに、ぜひやってもらいたいというわけです。あなたなら、きっとやれる。わたしは、そう信《しん》じているんです。」

コロラドの旅《たび》から帰《かえ》ると、すぐエジソンは、ウォーレスという人《ひと》をたずねました。アーク灯《とう》の研究《けんきゅう》で、いちおう成功《せいこう》をおさめている人《ひと》でしたが、エジソンの研究《けんきゅう》に賛成《さんせい》してくれ、自分《じぶん》のつくったアーク灯《とう》と発電機《はつでんき》を、メンロパークの研究所《けんきゅうじょ》に寄付《きふ》してくれました。

エジソンも、じつは、アーク灯《とう》ではだめだと考《かんが》えていました。

（けっきょくは、電流《でんりゅう》を細《こま》かく分《わ》けて、ひとつの電源《でんげん》でたくさんの電灯《でんとう》をともすようにしなければ、電灯《でんとう》の実用化《じつようか》はできない。よし、なんとしても、やってみせるぞ。）

こうして、エジソンは、電灯《でんとう》の研究《けんきゅう》にとりくむことになったのです。

メンロパークの魔術師《まじゅつし》

エジソンが生《う》まれるすこしまえのことですが、アメリカ人《じん》のスターという青年《せいねん》が、はじめてふたつの白熱電球《はくねつでんきゅう》をつくりました。

ひとつは、空気《くうき》をふくんだままのガラスびんの中《なか》に、白金《はっきん》の箔《はく》を入《い》れて、電流《でんりゅう》を通《とお》して光《ひか》らせるものでした。もうひとつは、炭素《たんそ》の細《ほそ》い棒《ぼう》を使《つか》うのですが、こちらは、空気《くうき》の中《なか》ではもえてしまうので、ガラスびんの空気《くうき》をぬいて、その中《なか》で電流《でんりゅう》を通《とお》して光《ひか》らせたのです。どちらも実用《じつよう》にはなりませんでしたが、エジソンは、これにならって、白熱電球《はくねつでんきゅう》をつくろうと考《かんが》えました。

ウォーレスは、エジソンのこの研究《けんきゅう》を、とてもむりだと言《い》いました。

世間《せけん》の人《ひと》びとは、

「メンロパークの魔術師《まじゅつし》のことだ。いったい、どんな電灯《でんとう》をつくるだろう？」

と、鳴《な》りをしずめて、待《ま》っています。

モルガンとか、ビラードといった資本家《しほんか》たちは、こいつは将来《しょうらい》の大事業《だいじぎょう》になる、と見《み》こんで、早《はや》くも乗《の》りだしてきました。

「研究費《けんきゅうひ》は、いくらでも出《だ》す。一日《いちにち》も早《はや》く電灯《でんとう》を発明《はつめい》してくれ。」

事業家《じぎょうか》たちが、熱《あつ》くなったのも、あたりまえでした。イギリスでは、スワンという人《ひと》が、同《おな》じような研究《けんきゅう》を始《はじ》めていることが、わかっていたからです。

メンロパークでは、24時間労働《じかんろうどう》が始《はじ》まりました。ねるのも食事《しょくじ》をするのも、すべて、交代《こうたい》です。

エジソンのメモには、2年《ねん》まえに電灯《でんとう》を研究《けんきゅう》したときの記録《きろく》がありました。紙《かみ》を焼《や》いて炭《すみ》にし、細《ほそ》く切《き》って電流《でんりゅう》を通《とお》してみたのですが、そのころは真空装置《しんくうそうち》がなかったのでもえてしまいました。それでも、8分間《ぷんかん》かがやいた記録《きろく》をのこしていました。

そのほかに、白金線《はっきんせん》、ほう素《そ》、ルテニウム、クロム、けい素《そ》などといった、とけにくい金属《きんぞく》でも実験《じっけん》しました。しかし、みんな不成功《ふせいこう》だったので、中止《ちゅうし》していたのです。

いまは、ウォーレスがくれた発電機《はつでんき》があり、真空《しんくう》ポンプもあります。実験《じっけん》は、ぜんぶ真空《しんくう》の中《なか》でやれるのです。

紙《かみ》の炭素《たんそ》リボン、紙《かみ》にコールタールとすすをぬったもの、編《あ》み棒《ぼう》ぐらいにまいた炭素《たんそ》、白金線《はっきんせん》——今度《こんど》も、みんなためしてみました。白金線《はっきんせん》は、空気《くうき》の中《なか》では、すぐにとけますが、真空《しんくう》の中《なか》では、ずっと高《たか》い温度《おんど》までもつことがわかりました。

しかし、今度《こんど》の研究《けんきゅう》は、電球《でんきゅう》にいちばんあった材料《ざいりょう》と方法《ほうほう》を、ひとつひとつ実験《じっけん》しながら、さぐりあてるのです。いつになるのか、見当《けんとう》もつきません。世間《せけん》の人《ひと》たちは、せっかちです。研究費《けんきゅうひ》を出《だ》した人《ひと》のなかには、さぎ師《し》だとののしるものも出《で》てきました。

イギリスのヒッグスという学者《がくしゃ》までが、皮肉《ひにく》まじりに書《か》きました。

「ある発明家《はつめいか》は、電流《でんりゅう》を細《こま》かく分《わ》けることができる、と言《い》っている。かれは、それが『エネルギー保存《ほぞん》の法則《ほうそく》』にそむくものだ、ということを知《し》らないか、それとも、わすれてしまったのだろう。」

でも、同《おな》じイギリス人《じん》でも、有名《ゆうめい》な物理学者《ぶつりがくしゃ》のジョン・チンダルは、1879年《ねん》1月《がつ》、イギリス王室学会《おうしつがっかい》の講演《こうえん》で、こう語《かた》りました。

「エジソンは、実際問題《じっさいもんだい》のむずかしさをよく知《し》っています。かれの電灯《でんとう》は、かならず成功《せいこう》するでしょう。」

そのとおりでした。それからまもなくエジソンは、とうとうひとつの成功《せいこう》をつかみました。

電球《でんきゅう》の中《なか》にある空気《くうき》を、100万分《まんぶん》の1にまでぬいた真空《しんくう》の中《なか》で、白金《はっきん》を使《つか》って25燭光《しょっこう》［1］の光《ひかり》を出《だ》すことができたのです。

空気中《くうきちゅう》では、4燭光《しょっこう》しか出《だ》せなかったのですから、大成功《だいせいこう》です。これは、1879年《ねん》4月《がつ》、特許《とっきょ》を申請《しんせい》しました。エジソンの電灯《でんとう》の特許第《とっきょだい》1号《ごう》です。

けれども、高価《こうか》な白金《はっきん》では、実用《じつよう》の電球《でんきゅう》はつくれません。炭素線《たんそせん》にもどって、研究《けんきゅう》は出直《でなお》しです。

大《おお》きな電気抵抗《でんきていこう》をもつ炭素《たんそ》の細《ほそ》いフィラメントをつくること——それが電流《でんりゅう》を細《こま》かく分《わ》ける第一《だいいち》の条件《じょうけん》なのです。どうしたら、それができるのか、エジソンは、なやみつづけました。

その日《ひ》も、実験《じっけん》につかれて、頭《あたま》をかかえこんでいましたが、ふと、床《ゆか》の上《うえ》を見《み》たエジソンは、思《おも》わず、あっと声《こえ》を上《あ》げました。

［1］燭光《しょっこう》は明《あか》るさの単位《たんい》。1燭光《しょっこう》は1本分《ぽんぶん》のろうそくと同《おな》じ明《あか》るさ。

「そうか、そうか……どうして、こんなことに気《き》がつかなかったのだろう！」

それは、木綿《もめん》の糸《いと》くずでした。

エジソンは、木綿《もめん》の縫《ぬ》い糸《いと》を手《て》ごろな長《なが》さに切《き》り、タールとすすをまぶして、ニッケルにのせ、そうっと炉《ろ》に入《い》れて焼《や》きました。

胸《むね》をおどらせながら、とりだしてみると、ああ、なんという喜《よろこ》び！　思《おも》ったとおりの細《ほそ》い炭素線《たんそせん》が、みごとにできていたのです。

エジソンは、もう夢中《むちゅう》でした。それから2日《ふつか》がかりで、この炭素線《たんそせん》を、輪《わ》にしたり、ばてい形《けい》にしたりして、ガラス球《きゅう》の中《なか》にふうじこみました。そして、ゆっくりゆっくり空気《くうき》をぬき、100万分《まんぶん》の1気圧《きあつ》の真空《しんくう》にしました。

「できたぞ！　できたぞ！」

思《おも》わずさけぶエジソンを、所員《しょいん》たちがとりかこみました。みんなが、じっと息《いき》をつめて見《み》つめるなかで、エジソンはその電球《でんきゅう》を注意深《ちゅういぶか》く電線《でんせん》につなぎ、ふるえる手《て》でスイッチを入《い》れました。

「わあっ！」

それは、新《あたら》しい時代《じだい》の幕開《まくあ》けをつげる歓声《かんせい》でした。

「おめでとう！」

「おめでとう！」

みんなは、かわるがわるエジソンの手《て》をにぎりしめました。エジソンは、一言《ひとこと》も声《こえ》が出《だ》せず、ただじっと、世界最初《せかいさいしょ》の電灯《でんとう》を見《み》つめていました。

1879年《ねん》の10月《がつ》21日《にち》のことでした。10月《がつ》21日《にち》——それはいまでも、「エジソン記《き》念日《ねんび》」とされています。

この電灯《でんとう》は、45時間《じかん》かがやきつづけて消《き》えました。そのあいだ、だれもが、まる2日間《ふつかかん》、ねようともしなかったのです。エジソンは、くずれるようにたおれ、そのまま24時間《じかん》ねむりつづけました。

「メンロパークの魔術師《まじゅつし》が、とうとう電灯《でんとう》を発明《はつめい》したそうだよ。」

世間《せけん》は、もう大《おお》さわぎです。新聞《しんぶん》は、毎日《まいにち》のように大《おお》きく書《か》きたてました。

そして、この年《とし》の大《おお》みそか。研究所《けんきゅうじょ》の庭《にわ》の木《き》という木《き》には、何百個《なんびゃっこ》という電球《でんきゅう》がつけられました。所員《しょいん》が総《そう》がかりでととのえた展覧会《てんらんかい》です。

ニューヨークからは、臨時特別列車《りんじとくべつれっしゃ》が人《ひと》びとを運《はこ》びました。そうして集《あつ》まった何千《なんぜん》という人《ひと》たちの頭《あたま》の上《うえ》で、世紀《せいき》の光《ひかり》が、まばゆいばかりにかがやいたのです。

やがて、新年《しんねん》をつげる教会《きょうかい》の鐘《かね》が鳴《な》りはじめました。そのとき、だれからともなく、

「エジソン、ばんざい!」

という声《こえ》が上《あ》がりました。観衆《かんしゅう》のどよめきは、いつまでもいつまでも、こだましました。

日本《にっぽん》の竹《たけ》

電球《でんきゅう》はできました。けれども、その寿命《じゅみょう》が45時間程度《じかんていど》ではしかたがありません。

エジソンを中心《ちゅうしん》に、研究所《けんきゅうじょ》の人《ひと》びとは、ありとあらゆる植物《しょくぶつ》を実験《じっけん》しましたが、うまくいきません。そんなある日《ひ》、ふと気《き》がついたのが、やしの葉《は》のうちわに使《つか》ってある竹《たけ》です。エジソンは、その竹《たけ》の細《ほそ》いせんいを焼《や》いて、実験《じっけん》してみました。

ついに、よい結果《けっか》が得《え》られました。200時間《じかん》つけっぱなしの大記録《だいきろく》をたてたのです。

そこで今度《こんど》は、エジソンの竹探《たけさが》しが始《はじ》まりました。竹《たけ》の産地《さんち》であるアジアへの探検《たんけん》です。日本《にっぽん》へは、その年《とし》の夏《なつ》、助手《じょしゅ》のムーアがやってきました。ムーアは、見《み》つかるかぎりの種類《しゅるい》の竹《たけ》を集《あつ》め、また同《おな》じ竹《たけ》でも、1年目《ねんめ》、2年目《ねんめ》、3年目《ねんめ》……と、それぞれの年代《ねんだい》に分《わ》けてとり、これらをエジソンのもとへ送《おく》りとどけました。

アジア各地《かくち》の竹《たけ》は、すべて寿命《じゅみょう》テストを受《う》けました。そして、日本《にっぽん》の竹《たけ》がいちばんよいということがわかりました。

こうして、日本《にっぽん》の竹《たけ》をフィラメントにして、エジソン電球《でんきゅう》は製造《せいぞう》されはじめました。けれどもエジソンは、まだ満足《まんぞく》しません。世界《せかい》のどこかには、もっとよい材料《ざいりょう》があるかもしれないと、世界中《せかいじゅう》の植物《しょくぶつ》を集《あつ》めることにしたのです。

南《みなみ》アメリカ大陸《たいりく》のジャングルへ向《む》かった探検隊《たんけんたい》にも、たのみました。べつに、助手《じょしゅ》の1隊《たい》も南《みなみ》アメリカの奥地《おくち》へ向《む》かわせました。エジソン自身《じしん》も、キューバやジャマイカへ出《で》かけました。南《みなみ》アメリカで見《み》つけた竹《たけ》のなかには、高《たか》さ30メートル、直径《ちょっけい》30センチメートルという大《おお》きなものもありました。

けれども、日本《にっぽん》の竹《たけ》にまさる材料《ざいりょう》は、ついにありませんでした。そこで、アジア各《かく》地《ち》を探検《たんけん》したリカルトンという人《ひと》が、あらためて日本《にっぽん》へ行《い》き、東京《とうきょう》の博物館《はくぶつかん》の協力《きょうりょく》で日本《にっぽん》の竹《たけ》を集《あつ》め、エジソンのもとへ送《おく》りました。

けっきょく、世界中《せかいじゅう》の植物《しょくぶつ》のなかで、日本《にっぽん》の竹《たけ》のせんいがいちばん強《つよ》く、日本《にっぽん》の竹《たけ》のなかでも、京都府《きょうとふ》の八幡村《やわたむら》の竹《たけ》がいちばんよいということがわかりました。

八幡竹《はちまんだけ》を材料《ざいりょう》にしたエジソン電球《でんきゅう》は、どんどん生産《せいさん》されました。この電球《でんきゅう》が完成《かんせい》するまでのあいだに、メンロパークの研究所《けんきゅうじょ》で使《つか》った研究費《けんきゅうひ》は、4万《まん》ドルにものぼったといわれます。だが、それはたちまち、何百倍《なんびゃくばい》にもなって返《かえ》ってきたわけです。

ガス灯《とう》も石油《せきゆ》ランプも、しだいに影《かげ》がうすくなってきました。

エジソンは、炭素電球《たんそでんきゅう》の寿命《じゅみょう》をのばす研究《けんきゅう》をつづけるいっぽう、竹以外《たけいがい》の材料《ざいりょう》の研究《けんきゅう》もわすれませんでした。けれども、竹《たけ》のフィラメントは、約《やく》10年間《ねんかん》その王座《おうざ》をゆずりませんでした。

その後《ご》、竹《たけ》にかわって、人工《じんこう》の炭素《たんそ》フィラメントがつくられるようになり、エジソン電球《でんきゅう》の寿命《じゅみょう》は、600時間《じかん》をこすようになりました。このとき、エジソンは、

「電球《でんきゅう》は、もう改良《かいりょう》することがないところまで進《すす》んでしまった。」

と語《かた》ったのでした。

だが、ものごとの進歩《しんぽ》というものは、とどまるところがないようです。

この物語《ものがたり》の最初《さいしょ》に書《か》いたように、ゼネラル・エレクトリックのクーリッジ博士《はくし》が、エジソンさえも不可能《ふかのう》と考《かんが》えていた、タングステンでフィラメントをつくることに成《せい》功《こう》したのです。こうして、エジソンの炭素電球《たんそでんきゅう》も、もはや時代《じだい》おくれとなり、明《あか》るくて寿命《じゅみょう》も長《なが》く、電力《でんりょく》もわずかですむタングステン電球《でんきゅう》の世《よ》の中《なか》になったのです。

そして、このタングステン電球《でんきゅう》を、さらに改良《かいりょう》したのが、ラングミューアです。クーリッジの電球《でんきゅう》は、真空《しんくう》のためにタングステンが蒸発《じょうはつ》して、ガラス球《きゅう》を黒《くろ》くしました。ラングミューアは、真空《しんくう》にする代《か》わりに、化学反応《かがくはんのう》をほとんど起《お》こさないアルゴンガスをふうじこんで成功《せいこう》したのです。

ゼネラル・エレクトリックは、この電球《でんきゅう》を「マツダ」と名《な》づけました。マツダは、ゾロアスター教《きょう》の光《ひかり》の神《かみ》さまの名前《なまえ》です。

現代《げんだい》の光《ひかり》の神《かみ》さまは、エジソン、クーリッジ、ラングミューアという3代《だい》の研究《けんきゅう》を経《へ》て、わたしたちを明《あか》るくてらすようになったのです。

発《はつ》電《でん》に送《そう》電《でん》に

さて、話《はなし》をまえにもどしましょう。

エジソンがいよいよ電灯《でんとう》を発明《はつめい》したとなりますと、あちらからもこちらからも問《と》いあわせがきて、ぜひ電灯《でんとう》をつけてくれという注文《ちゅうもん》がおしよせました。

これには、エジソンも弱《よわ》りました。電灯《でんとう》は発明《はつめい》されても、いまのように、どこへでも電線《でんせん》が引《ひ》かれているわけではありません。また、発電所《はつでんしょ》ができているわけでもありません。エジソンの研究所《けんきゅうじょ》でつくったのは、電球《でんきゅう》だけなのですから。

「家庭《かてい》でも使《つか》えるような、もっと便利《べんり》なものを早《はや》くつくってくれ。」

という声《こえ》は、アメリカの国内《こくない》だけでなく、世界《せかい》の各地《かくち》から起《お》こってきました。

エジソンは、まず、りっぱな発電機《はつでんき》をつくることから始《はじ》めなければならないと考《かんが》えました。それから、町《まち》の家々《いえいえ》に電気《でんき》を送《おく》るための電線《でんせん》。ショートをふせぐ絶縁材料《ぜつえんざいりょう》。電線《でんせん》のつなぎ方《かた》や、分《わ》け方《かた》の研究《けんきゅう》。スイッチやソケット。それに電球《でんきゅう》だって、家庭用《かていよう》のとりあつかいやすいものに改良《かいりょう》しなければなりません。

昨日《きのう》まで電球研究所《でんきゅうけんきゅうじょ》だったメンロパークの研究所《けんきゅうじょ》は、今日《きょう》からは、電力研究所《でんりょくけんきゅうじょ》や配《はい》電研究所《でんけんきゅうじょ》として、また目《め》が回《まわ》るようにいそがしくなりました。そのことは、1880年《ねん》の1年間《ねんかん》に、エジソンが申《もう》しでた特許《とっきょ》の数《かず》に、よく表《あらわ》れています。

電灯《でんとう》に関係《かんけい》する発明《はつめい》…………32件《けん》
配電《はいでん》に関係《かんけい》する発明《はつめい》…………7件《けん》
ソケットなどの電灯付属品《でんとうふぞくひん》……5件《けん》
発電機《はつでんき》に関係《かんけい》する発明《はつめい》………3件《けん》
電車《でんしゃ》に関係《かんけい》する発明《はつめい》…………3件《けん》
メーターその他《た》の機器《きき》…………7件《けん》

大《おお》きな電力《でんりょく》を発生《はっせい》させる発電機《はつでんき》には、大《おお》きな馬力《ばりき》の、ひじょうに速《はや》い回転《かいてん》をするエンジンが必要《ひつよう》です。そのころは、エンジンといえば、蒸気機関《じょうききかん》だけです。

エジソンは、少年時代《しょうねんじだい》に一度《いちど》、グランド・トランク鉄道《てつどう》で機関車《きかんしゃ》を動《うご》かして、まっ黒《くろ》い水《みず》をあびたことを、なつかしく思《おも》いだしました。

(そうだ。たしかポーターという人《ひと》が、発電機用《はつでんきよう》の蒸気機関《じょうききかん》を研究《けんきゅう》していたはずだ。)

エジソンは、すぐポーターさんをたずねました。

「わたしは、発電機《はつでんき》を蒸気機関《じょうききかん》に直接《ちょくせつ》むすびつけて動《うご》かしたいのですが、1分間《ぷんかん》に7

00回転《かいてん》ぐらいの蒸気機関《じょうききかん》をつくってみてくれませんか。」

「えっ？　1分間《ぷんかん》に700回転《かいてん》！　そんなエンジンはつくったことがないが……。」

「なんとか、やってみてくださいよ。それがないと、電灯《でんとう》が役《やく》に立《た》たないのです。」

「おお、それはたいへんだ。では、わたしもあなたのまねをして、できないことをやってみることにしましょうか。」

それからまもなく、メンロパークの研究所《けんきゅうじょ》へ、ポーターから1台《だい》の高速蒸気機関《こうそくじょうききかん》がとどけられました。エジソンは、それを発電機《はつでんき》に結合《けつごう》させました。

さあ、試運転《しうんてん》です。

エジソンは、操縦《そうじゅう》ハンドルに長《なが》いくさりをつけて、できるだけ遠《とお》くから引《ひ》っぱれるようにしました。ボイラーが、破裂《はれつ》するかもしれません。車輪《しゃりん》が、ふっとぶかもしれないのです。

蒸気機関《じょうききかん》が動《うご》きだしました。回転《かいてん》がどんどん速《はや》くなります。

「300回転《かいてん》！」

「500回転《かいてん》!」

「600回転《かいてん》!」

ふきだす蒸気《じょうき》。すさまじい回転《かいてん》の音《おと》。とうとう、回転《かいてん》メーターの針《はり》が、700を指《さ》しました。

「よし、大成功《だいせいこう》!」

エジソンは、さけびました。発電機《はつでんき》の電圧《でんあつ》は、望《のぞ》みどおりに上《あ》がったのです。

次《つぎ》の年《とし》の1881年《ねん》、パリで開《ひら》かれた電気博覧会《でんきはくらんかい》には、1200個《こ》の電球《でんきゅう》をともすことのできる大発電機《だいはつでんき》が陳列《ちんれつ》され、人《ひと》びとをおどろかせました。

それにつづいて、メンロパークの研究所《けんきゅうじょ》は、送電《そうでん》と配電《はいでん》の実験工場《じっけんこうじょう》になりました。

そのころは、まだ、交流《こうりゅう》の高圧送電《こうあつそうでん》などできません。ひくい電圧《でんあつ》の直流《ちょくりゅう》をそのまま送《おく》るのですから、太《ふと》い銅線《どうせん》が必要《ひつよう》です。

エジソンは、電柱《でんちゅう》などを使《つか》わない地下送電《ちかそうでん》を考《かんが》えました。2本《ほん》の銅線《どうせん》をアスファルトにうめ、それを木《き》の箱《はこ》におさめた送電線《そうでんせん》をつくりました。だが、そのころの人《ひと》びとには、まだ電気《でんき》のことがよくわかっていなかったので、この地下送電《ちかそうでん》で町《まち》が爆発《ばくはつ》しないだろうかと、たいへんにおそれられました。

1882年《ねん》9月4日《がつよっか》、いろいろな困難《こんなん》を乗《の》りこえて、ニューヨークに「エジソン電灯株式会社《でんとうかぶしきがいしゃ》」ができました。資本金《しほんきん》100万《まん》ドルです。そして、16燭光《しょっこう》の電球《でんきゅう》400個《こ》が、電気時代《でんきじだい》のやってきたことをつげるように、ニューヨークの夜空《よぞら》を明《あか》るくいろどりました。

電灯会社《でんとうがいしゃ》につづいて、エジソンは、発電機製作所《はつでんきせいさくしょ》、電球工場《でんきゅうこうじょう》、送電線工場《そうでんせんこうじょう》などをたてました。

その電球工場《でんきゅうこうじょう》の製品《せいひん》は、電灯会社《でんとうがいしゃ》へ1個《こ》40セントで売《う》る契約《けいやく》をむすびました。ところがなんと、その電球《でんきゅう》ひとつつくるのには、1ドル10セントもかかるのです。みんなは、おどろきました。

「これでは、売《う》るだけ、損《そん》するではありませんか。」

「まあ、だまって見《み》ていたまえ。」

エジソンは、さらに研究《けんきゅう》をつづけて、3年《ねん》ののちには、1個《こ》22セントでできるようにしてしまったのです。

そのころ、まだ電球《でんきゅう》の寿命《じゅみょう》は200時間《じかん》でした。どんどんつくらなければなりません。3年間《ねんかん》の損《そん》は、たちまちとりかえしたばかりか、たいへんな利益《りえき》を上《あ》げることができました。こうして、世界《せかい》の夜《よる》は、どんどん明《あか》るくなっていったのでした。

3 人類《じんるい》のために

エジソンと電車《でんしゃ》

エジソンは、グランド・トランク鉄道《てつどう》の売《う》り子《こ》をしていたとき、よく思《おも》ったものでした。

「こんなにすすが出《で》ないで、もっとかんたんに走《はし》れるくふうはないものだろうか。」

デトロイトの図書館《としょかん》で読《よ》んだ本《ほん》の中《なか》には、イギリスのダビッドソンが、電池《でんち》で走《はし》る電車《でんしゃ》をつくった話《はなし》や、アメリカの発明家《はつめいか》ファーマーが、蓄電池電車《ちくでんちでんしゃ》をつくった話《はなし》が出《で》ていました。

また、その後《ご》、1878年《ねん》に、ワイオミング州《しゅう》に日食《にっしょく》の観測《かんそく》に行《い》ったときにも、麦《むぎ》の積《つ》みこみと輸送《ゆそう》でてんてこまいの農夫《のうふ》たちを見《み》て、バーカー教授《きょうじゅ》と話《はな》したことがありました。

「どうも、たいへんないそがしさですね。鉄道《てつどう》でもしいて、汽車《きしゃ》で輸送《ゆそう》をしたらどうでしょうね。」

と言《い》うバーカー教授《きょうじゅ》に、エジソンは、こう答《こた》えました。

「汽車《きしゃ》だと、経費《けいひ》がかかりすぎて、だめでしょうね。それより、電気《でんき》で走《はし》る車《くるま》ができたら、便利《べんり》でしょうね。蒸気機関《じょうききかん》を積《つ》んで、火《ひ》をたいて走《はし》るのとちがって、これなら、いくらでも小《ちい》さいものができるはずですからね。」

「なるほど。でも、そうなると、電池《でんち》というやつが、やっかいですね。」

「わたしは、いずれ、電池《でんち》を使《つか》わない電車《でんしゃ》ができると思《おも》っているんです。」

けれども、その後《ご》エジソンは、電灯《でんとう》の研究《けんきゅう》にとりかかりましたので、電車《でんしゃ》の夢《ゆめ》は、そのままになってしまいました。

すると、その次《つぎ》の年《とし》のことです。ドイツのジーメンス社《しゃ》が、博覧会場《はくらんかいじょう》で、電車《でんしゃ》を走《はし》らせたというニュースがつたえられました。

3馬力《ばりき》のモーターのついた電気機関車《でんききかんしゃ》が、客車《きゃくしゃ》を3両《りょう》ひいて、時速《じそく》12キロメートルの速度《そくど》で、走《はし》ったというのです。

元駅長《もとえきちょう》だったマッケンジーが、エジソンの肩《かた》をドンとたたいて、わらいました。

「はっはっは……。マイ・ボーイ、きみは昔《むかし》、汽車《きしゃ》の運転《うんてん》で、すすでまっ黒《くろ》になったうらみがあるんだから、電車《でんしゃ》の発明《はつめい》を人《ひと》にやられたら、くやしいだろ。」

「うん、電灯《でんとう》がかたづいたら、こちらでもやってみるか。」

エジソンは、真剣《しんけん》な顔《かお》で答《こた》えました。

ところが、その年《とし》、アメリカでもフィールドが電気鉄道《でんきてつどう》の計画《けいかく》を発表《はっぴょう》しました。これは、発電機《はつでんき》から送《おく》る電流《でんりゅう》を、第《だい》3レールから電車《でんしゃ》に引《ひ》きこむという方法《ほうほう》を使《つか》ったものでした。

こうなると、エジソンもじっとしてはいられません。ちょうどうまいことに、電灯《でんとう》の送電用《そうでんよう》に、すぐれた発電機《はつでんき》をつくりあげたときでしたので、この直流発電機《ちょくりゅうはつでんき》に、ぎゃくに電流《でんりゅう》を通《とお》してみました。すると、発電機《はつでんき》は、そのままモーターとなって回転《かいてん》

しはじめました。しかも、たいへんな馬力《ばりき》なのです。

「よし、こいつを電車《でんしゃ》に使《つか》ってみよう。」

エジソンは、発電機《はつでんき》を横《よこ》にして心棒《しんぼう》にベルト車《しゃ》をつけました。そうして、これを台《だい》車《しゃ》の車輪《しゃりん》のじくに引《ひ》っかけて車《くるま》を回《まわ》すという、たいへんかんたんなものをつくったのです。

「なんだか、おもちゃみたいだな。」

研究所《けんきゅうじょ》の所員《しょいん》たちは、わらいながら見物《けんぶつ》していましたが、この形《かたち》だけの電車《でんしゃ》は、12馬力《ばりき》の力《ちから》で、時速《じそく》32キロメートルのスピードで走《はし》ったのです。

研究所《けんきゅうじょ》の庭《にわ》には、このめずらしい電車《でんしゃ》を見《み》ようとする人《ひと》たちが、わんさと集《あつ》まってきました。クルージが運転《うんてん》して、お客《きゃく》の数人《すうにん》を乗《の》せて走《はし》りだしましたが、カーブのところで、電車《でんしゃ》は脱線《だっせん》し、ひっくりかえってしまいました。お客《きゃく》は、ぷんぷんおこって帰《かえ》ってしまいましたが、所員《しょいん》たちは、熱心《ねっしん》に原因《げんいん》を研究《けんきゅう》しました。

「馬力《ばりき》は強《つよ》いが、スピードの調節《ちょうせつ》ができないね。」

「ベルトで車《くるま》を回《まわ》すのが、まずいんだ。歯車《はぐるま》を使《つか》うと、うまくいくよ。」

「ブレーキがきかないようだな。」

エジソンは、これらの意見《いけん》をもとにして、さっそく改良《かいりょう》にとりかかりました。抵抗《ていこう》器《き》をとりつけて、スピードが細《こま》かく調節《ちょうせつ》できるようにしました。モーターの回転《かいてん》を車《しゃ》輪《りん》につたえるのも、ベルトをやめて歯車《はぐるま》にしました。

なかでも、非常用《ひじょうよう》ブレーキは、エジソン独特《どくとく》のものでした。それは、いままで車《くるま》を動《うご》かす役目《やくめ》をしていたモーターの電流《でんりゅう》を切《き》って、ぎゃくにこれを発電機《はつでんき》の役目《やくめ》に切《き》りかえ、大《おお》きな抵抗《ていこう》を起《お》こさせてブレーキをかける、というやり方《かた》です。

こうして、1882年《ねん》には、改良型《かいりょうがた》エジソン式電車《しきでんしゃ》が完成《かんせい》したのです。

ある日《ひ》、ペンシルベニア鉄道会社《てつどうがいしゃ》のトムソン社長《しゃちょう》が、電車《でんしゃ》の見学《けんがく》にやってきました。

エジソンはよろこんで、案内《あんない》しました。

「どうです社長《しゃちょう》。わたしはいま、300馬力《ばりき》の電気機関車《でんききかんしゃ》を設計《せっけい》しているのですが、これができたら、蒸気機関車《じょうききかんしゃ》はいらなくなると考《かんが》えているんですが……。」

すると、トムソン社長《しゃちょう》は、首《くび》をふって、

「電気機関車《でんききかんしゃ》は、とても実用《じつよう》にならんよ。蒸気機関車《じょうききかんしゃ》にとってかわるなんて、とんでもない話《はなし》だよ。」

これには、エジソンもがっかりしましたが、賛成《さんせい》する人《ひと》もあらわれました。北太平洋鉄道《きたたいへいようてつどう》のビラード社長《しゃちょう》は、山岳地帯《さんがくちたい》の鉄道《てつどう》に電気機関車《でんききかんしゃ》を使《つか》ったらよいのではないかと考《かんが》えていたので、エジソンの研究《けんきゅう》を、どこまでも援助《えんじょ》すると言《い》ってくれたのです。

エジソンは、ニュージャージーのウェスト・オレンジ研究所《けんきゅうしょ》で研究《けんきゅう》に打《う》ちこみ、1883年《ねん》、「アメリカ電気鉄道会社《でんきてつどうがいしゃ》」が生《う》まれました。

ただひとつの失敗《しっぱい》

鳥《とり》のように空《そら》をとべたらなあ——それは、だれもがもつ、あこがれです。昔《むかし》から、たくさんの人《ひと》が空《そら》をとぶ方法《ほうほう》を考《かんが》えました。有名《ゆうめい》なレオナルド・ダ・ヴィンチも飛行機《ひこうき》の研究《けんきゅう》をしました。元素《げんそ》の周期律《しゅうきりつ》を発見《はっけん》したロシアのメンデレーエフもそのひとりです。この人《ひと》は科学者《かがくしゃ》でしたから、気球《ききゅう》で空《そら》をとぶことを考《かんが》えました。

根《ね》っからの発明家《はつめいか》であるエジソンは、人類《じんるい》はかならず空《そら》を自由《じゆう》にとぶことができると信《しん》じていました。そして、ようやく、その研究《けんきゅう》にとりかかる機会《きかい》がおとずれたのです。

1880年《ねん》、まだ電灯《でんとう》の研究《けんきゅう》に明《あ》けくれていたある日《ひ》のことです。ニューヨーク・ヘラルド新聞《しんぶん》のベネット社長《しゃちょう》が見学《けんがく》にきて、話《はなし》が飛行機《ひこうき》のことになりました。

「エジソンさん、さすがのあなたも、飛行機《ひこうき》だけは、だめなようですな。」

「いや、できないとは思《おも》いません。研究《けんきゅう》するひまさえあれば。」

「しかし、空気《くうき》より重《おも》いものが、空《そら》にうかぶはずはないじゃないですか。」

「では、鳥《とり》はどうです。空気《くうき》より重《おも》いじゃありませんか。」

「あれは、空中《くうちゅう》で、空気《くうき》より軽《かる》いガスかなにかを、体《からだ》の中《なか》につくるんでしょう。」

「空気《くうき》より重《おも》くったって、空《そら》はとべるのです。イギリスのケイリーという人《ひと》が、1809年《ねん》に論文《ろんぶん》を発表《はっぴょう》しているんです。鳥《とり》は、はばたいて前進《ぜんしん》しようとしますね。そのとき、空気《くうき》の抵抗力《ていこうりょく》ができて、それで体《からだ》が上《うえ》へおしあげられるのだというのです。」

「ははあ、なるほど。」

「いままでの多《おお》くの実験《じっけん》では、模型《もけい》はとんでも、人間《にんげん》がとべるところまではいきませんね。それは、みんな、鳥《とり》のまねをして、羽《はね》をバタバタさせてとぼうと考《かんが》えるから、むりなのです。はばたきでは、大《おお》きなものをとばすことはできませんよ。」

「では、どうしたらいいんですか？」

エジソンは、それには答《こた》えないで、にやにやわらいながら、ナイフをとりだして、たちまち竹《たけ》とんぼをつくりあげました。エジソンの手《て》から、竹《たけ》とんぼがとびたちました。

「はっはっはっ……。」

ふたりは、声《こえ》をそろえてわらいました。

「どんなものでも、空中《くうちゅう》で軽《かる》くすることができるのです。ごらんにいれましょう。」

エジソンは、ものさしを使《つか》って、てんびんをつくりました。いっぽうのはしに、木《き》のプロペラのついた小《ちい》さなモーターをのせ、もういっぽうのはしには、それとちょうど同《おな》じ重《おも》さの、重《おも》りをのせました。

「さあ、見《み》ていてください。」

そう言《い》ってエジソンは、電池《でんち》からの細《ほそ》い針金《はりがね》をモーターにつなぎました。すると、プロペラがブーンと回《まわ》り、てんびんの重《おも》りのほうが、ぐっと下《さ》がりました。

びっくりしているベネット社長《しゃちょう》に、エジソンは、にこにこしながら言《い》いました。

「このプロペラは、軽《かる》い木《き》ですが、鉄《てつ》でやってみても、同《おな》じことです。つまり、ものすごく速《はや》く回転《かいてん》するエンジンができれば、空《そら》に舞《ま》いあがるはずなのです。」

「ううん……なるほど。よろしい！　エジソンさん、わたしが研究費《けんきゅうひ》を出《だ》しましょう。飛行機《ひこうき》をつくってみませんか。」

こうしてエジソンは、飛行機《ひこうき》の研究《けんきゅう》にとりかかりました。飛行機《ひこうき》といっても、ヘリコプターでしたが……。

エジソンは、プロペラを急速《きゅうそく》に回転《かいてん》させる方法《ほうほう》を、あれこれと考《かんが》えましたが、どうしてもうまくいきません。そのうちに、ふと、子《こ》どものとき遊《あそ》んだ、ねずみ花火《はなび》を思《おも》いだしました。火薬《かやく》のふきだす反動《はんどう》でくるくる回《まわ》る、あの花火《はなび》です。

「そうだ。ひとつ、あれでやってみよう。」

小型《こがた》のヘリコプターを1台設計《だいせっけい》しました。そして、木綿《もめん》の綿《わた》を硝酸《しょうさん》と硫酸《りゅうさん》にひたして、綿火薬《めんかやく》をつくり、これを紙《かみ》のリボンでつつんで火薬《かやく》のテープにしました。これを銅《どう》のロールの間《あいだ》から金属製《きんぞくせい》の噴出管《ふんしゅつかん》の中《なか》へおしだして、電気《でんき》で火《ひ》をつけて、すこしずつ、爆発《ばくはつ》させるというしかけです。

やがて、ヘリコプターが研究所《けんきゅうじょ》の庭《にわ》におかれ、綿火薬入《めんかやくい》りの噴出管《ふんしゅつかん》が、２枚《まい》のプロペラにとりつけられました。

「点火《てんか》！」

エジソンの合図《あいず》で、助手《じょしゅ》が電気《でんき》のスイッチを入《い》れました。銅《どう》のロールが回転《かいてん》して、綿火薬《めんかやく》のテープが管《かん》の中《なか》におしだされると、発火《はっか》しました。

火薬《かやく》のガスが、はげしくふきだし、プロペラがくるくると回《まわ》りはじめました。ヘリコプターは、ガタガタとゆれましたが、うきあがりません。

「銅《どう》ロールの回転《かいてん》を速《はや》くして、火薬《かやく》の送《おく》りこみを、もうすこし多《おお》くしてみてくれ。」

ふたたび、スイッチが入《い》れられました。その瞬間《しゅんかん》です。

バーン！

おそろしい爆発音《ばくはつおん》がして、金属管《きんぞくかん》の破片《はへん》が、弾丸《だんがん》のようにとびちりました。

みんな、まっ青《さお》になりました。けが人《にん》がなかったのが、不思議《ふしぎ》なくらいです。爆発《ばくはつ》の原因《げんいん》は、綿火薬《めんかやく》のもとに火《ひ》が入《はい》ったのです。

この研究《けんきゅう》ばかりは、エジソンの失敗《しっぱい》でした。エジソンは、こんな危険《きけん》な仕事《しごと》は、だんぜん中止《ちゅうし》することにし、それきり二度《にど》と手《て》をつけませんでした。

しかし、ヘリコプターは、その後《ご》どんどん発達《はったつ》しましたし、火薬《かやく》の噴出《ふんしゅつ》の反動《はんどう》で進《すす》む方法《ほうほう》は、ロケットとして現在《げんざい》さかんに利用《りよう》されているわけですから、この実験《じっけん》も、失敗《しっぱい》だけだったとは、いいきれないでしょう。

この実験《じっけん》の23年後《ねんご》の1903年《ねん》、アメリカのライト兄弟《きょうだい》が、はじめて飛行機《ひこうき》で空《そら》をとぶことに成功《せいこう》しました。

家庭《かてい》のエジソン

エジソンが、母親《ははおや》をうしなった年《とし》のクリスマス、メリー・スティルウェルと結婚《けっこん》したことは、まえにお話《はな》ししたとおりです。結婚《けっこん》の2年後《ねんご》、娘《むすめ》のマリオン・エステルが生《う》まれました。エジソンは、娘《むすめ》をたいへんかわいがり、ちょうど蓄音機《ちくおんき》ができたころでしたから、娘《むすめ》の声《こえ》を録音《ろくおん》しようとしました。しかし、この録音《ろくおん》には、さすがのエジソンも、こまったそうです。なにしろ、赤《あか》ちゃんなので、泣《な》き声《ごえ》だけですから。

その後《ご》、長男《ちょうなん》のトーマス・アルバが、次《つ》いで次男《じなん》のウィリアム・レスリーが生《う》まれました。3人《にん》の子《こ》どもは、いっしょにくらしている、おじいさんのサムエルにも、たいへんなつきました。

サムエルは、おさない孫《まご》たちをつれて、よくメンロパークの研究所《けんきゅうじょ》へやってきました。

「どうだね、アルバ。電球《でんきゅう》のフィラメントは、いいのができたかね。」

「今度《こんど》は、うまくいくと思《おも》いますよ。日本《にっぽん》の竹《たけ》をとりよせましたから。」

「こんなにえらくなったおまえを見《み》たら、死《し》んだお母《かあ》さんは、どんなによろこぶことだろうかな。」

そんな話《はなし》をするサムエルの顔《かお》は、満足《まんぞく》と幸福《こうふく》とにかがやいていました。

エジソンの帰《かえ》りが、毎晩《まいばん》おそいのは、さびしいことにはちがいありません。でも、子《こ》どもたちだって、自分《じぶん》のお父《とう》さんが、どんなにたいへんな仕事《しごと》をしているか、ちゃんとわかっていました。

エジソンの家《いえ》には、普通《ふつう》の家《いえ》にはない、電灯《でんとう》があり、蓄音機《ちくおんき》がありました。円筒《えんとう》のみぞに針《はり》をのせてハンドルを回《まわ》すと、お父《とう》さんの歌《うた》う童謡《どうよう》を聞《き》くことができます。

「お母《かあ》さんのいうことを聞《き》いて、早《はや》くおやすみなさい。」

という声《こえ》が出《で》てくることもあります。すると子《こ》どもたちは、お父《とう》さんが帰《かえ》ってきたような気《き》がして、満足《まんぞく》するのです。

夜《よる》おそくなって、エジソンは、つかれて帰《かえ》ってきます。子《こ》どもたちの寝顔《ねがお》をながめながら、エジソンは1ぱいのウイスキーを飲《の》み、葉巻《はまき》に火《ひ》をつけて、メリー夫人《ふじん》とその日《ひ》のできごとを語《かた》りあいます。

こんな幸福《こうふく》な家庭《かてい》でしたが、やがてエジソンと子《こ》どもたちのうえに、もっとも悲《かな》しい不幸《ふこう》がおとずれました。

1884年《ねん》の夏《なつ》に、メリー夫人《ふじん》が急病《きゅうびょう》でこの世《よ》を去《さ》ったのです。

エジソンの家庭《かてい》には、さびしい日《ひ》がつづきました。エジソンは、その悲《かな》しみをまぎらわせるように、いっそう研究《けんきゅう》にはげみました。

メンロパークの研究所《けんきゅうじょ》は、エジソンにとっては仕事場《しごとば》でもあり、家庭《かてい》のようなものでもありました。研究所《けんきゅうじょ》の所員《しょいん》たちは、かわるがわるエジソン家《け》をおとずれ、子《こ》どもたちと遊《あそ》んで、おさない心《こころ》をなぐさめてくれました。

こうして2年《ねん》たちました。1886年《ねん》のことです。エジソンは、有名《ゆうめい》な農業機械《のうぎょうきかい》の発明者《はつめいしゃ》であり、製作者《せいさくしゃ》でもあるルイス・ミラーの娘《むすめ》の、マイナ・ミラーを新《あたら》しく妻《つま》にむかえました。

マイナ夫人《ふじん》と結婚後《けっこんご》、エジソンは、ウェスト・オレンジ研究所《けんきゅうじょ》の近《ちか》くの、ルウェリン・パークにグレンモントとよばれる新《あたら》しい家《いえ》をたてました。窓《まど》やバルコニーのたくさんついた、イギリス王朝風《おうちょうふう》の美《うつく》しい家《いえ》でした。

マイナ夫人《ふじん》は、この家《いえ》で、マデリーン、チャールズ、セオドアという3人《にん》の子《こ》どもを産《う》みました。家庭《かてい》は、いよいよにぎやかになりました。マイナ夫人《ふじん》は、エジソンよりも18も年下《としした》でした。細《こま》かいところによく気《き》のつく人《ひと》で、身《み》なりをかまわないエジソンに、たいそう気《き》を配《くば》ったり、人《ひと》なみ外《はず》れて、はげしい仕事《しごと》をする夫《おっと》の食事《しょくじ》には、細《こま》かい心《こころ》づかいをしました。

エジソンは、ベートーベンの音楽《おんがく》が、たいへんすきでした。そして、マイナ夫人《ふじん》のひくベートーベンのピアノ・ソナタに、あきずに耳《みみ》をかたむけるのでした。

メンロパークの人《ひと》びと

人類《じんるい》の歴史《れきし》のなかでも、くらべる人《ひと》がいないほど、たくさんの発明《はつめい》をなしとげたエジソンですが、その仕事《しごと》を成功《せいこう》させたのは、言《い》うまでもなく、エジソンを助《たす》けたメンロパークの研究所《けんきゅうじょ》の人《ひと》びとです。

言《い》いかえれば、エジソンは、これだけのすぐれた人《ひと》を見《み》つける才能《さいのう》と、それを集《あつ》め、育《そだ》てる力《ちから》と、そして、それをまとめていく徳《とく》とをそなえていたのです。それなしには、いくら天才的《てんさいてき》な頭脳《ずのう》や、おどろくべき忍耐《にんたい》、つかれを知《し》らない体力《たいりょく》をもっていたエジソンであっても、あれだけの仕事《しごと》をなしとげることはできなかったにちがいありません。

研究所《けんきゅうじょ》の中《なか》には、7つの建物《たてもの》があって、木造《もくぞう》の大《おお》きな2階《かい》だての研究所《けんきゅうじょ》を中心《ちゅうしん》に、所員《しょいん》たちとその家族《かぞく》の家《いえ》や、娯楽室《ごらくしつ》・倉庫《そうこ》などが、ずらっとならんでいました。中心《ちゅうしん》の研究所《けんきゅうじょ》の中《なか》には、実験室《じっけんしつ》のほかに事務室《じむしつ》があって、エジソンの電信手時代《でんしんしゅじだい》からの友《とも》だちのグリフィンが仕事《しごと》をしています。

グリフィンは、エジソンの秘書役《ひしょやく》で、この人《ひと》のいそがしさは、じつにたいへんなものでした。特許《とっきょ》の事務《じむ》、山《やま》のような通信文《つうしんぶん》、会計事務《かいけいじむ》——それらをぜんぶ引《ひ》きうけて、旧友《きゅうゆう》エジソンのために、骨身《ほねみ》をおしまず、はたらきつづけたのです。

2階《かい》は、実験室《じっけんしつ》です。主《おも》な機械《きかい》や実験器具《じっけんきぐ》はぜんぶここにあって、エジソンとその助手《じょしゅ》たちが、朝早《あさはや》くから夜《よる》おそくまで、熱心《ねっしん》に仕事《しごと》をしていました。白熱電球《はくねつでんきゅう》が生《う》まれたのも、この実験室《じっけんしつ》です。

1階《かい》は、試験室《しけんしつ》で、れんが積《づ》みの台《だい》があって、その上《うえ》に精密《せいみつ》な測定《そくてい》をする電流計《でんりゅうけい》やてんびんなどがのせられています。

一《ひと》すみは、化学実験室《かがくじっけんしつ》にしきられ、ハイドがその係《かかり》です。研究所《けんきゅうじょ》のとなりの建物《たてもの》が機械工場《きかいこうじょう》で、ボイラー室《しつ》とエンジン室《しつ》があって、エジソンの設計《せっけい》するあらゆる機械《きかい》がつくられるのです。スイス生《う》まれのクルージが主任《しゅにん》です。エジソンの最初《さいしょ》の蓄音機《ちくおんき》を、みごとにつくりあげた人《ひと》です。スイスで精密《せいみつ》な技術教育《ぎじゅつきょういく》を受《う》けたクルージは、エジソンにとって、かけがえのない大事《だいじ》な人《ひと》でした。

かけがえのない人《ひと》といえば、数学者《すうがくしゃ》のアプトンもそうです。プリンストン大学《だいがく》を出《で》て、ドイツで、有名《ゆうめい》な物理学者《ぶつりがくしゃ》ヘルムホルツについて勉強《べんきょう》した人《ひと》ですが、数学《すうがく》が苦手《にがて》だったエジソンですから、この人《ひと》にどれだけ助《たす》けられたかわかりません。

こうした専門家《せんもんか》たちが、それぞれに助手《じょしゅ》をひきいて仕事《しごと》を進《すす》めたのです。

メンロパークの仲間《なかま》で、わすれることのできないのは、元駅長《もとえきちょう》のマッケンジーです。専門《せんもん》の仕事《しごと》をしていたわけではありませんが、その代《か》わり、みんなの仕事《しごと》を手《て》つだいました。

この人《ひと》がいるだけで、わらいが起《お》こり、仕事《しごと》が楽《たの》しく進《すす》むのです。このマッケンジーが、ただ一度《いちど》だけ、発明《はつめい》の仕事《しごと》に力《ちから》をかしたことがあります。

それは、エジソンが、電球《でんきゅう》のフィラメントができないで、頭《あたま》をかかえているときでした。マッケンジーは、いたいたしそうに、ながめていましたが、

「マイ・ボーイ。フィラメントなんて、苦労《くろう》することはないぜ。これを使《つか》ってみな。」

と言《い》って、ひげぼうぼうのあごをつきだしました。エジソンは、あきれて、

「まてまた、冗談《じょうだん》を……。」

とわらいだしました。しかし、すぐ思《おも》いかえして、そのあごひげをひとつまみ、かりとってもらいました。

やがてエジソンが、みんなをよびました。

「全員集合《ぜんいんしゅうごう》！　これから、マッケンジー式電球《しきでんきゅう》の点灯式《てんとうしき》だ！」

スイッチが入《い》れられました。マッケンジーのひげのフィラメントが、赤《あか》く光《ひか》りました。

「わっはっはっは。」

「あっはっはっは。」

みんなは、はらをかかえてわらいました。

ゆかいなことに、それから数年《すうねん》たって、ある発明家《はつめいか》が、実際《じっさい》に、髪《かみ》の毛《け》で電球《でんきゅう》のフィラメントをつくるという特許《とっきょ》をとっているのです。

すきな仕事《しごと》を、ゆかいにやっていくことができれば、どんな苦労《くろう》も楽《たの》しみです。

メンロパークの仲間《なかま》たちは、みんな昼《ひる》も夜《よる》もわすれて仕事《しごと》をし、その合間《あいま》には、娯《ご》楽室《らくしつ》に集《あつ》まって、玉《たま》つき（ビリヤード）をしたり、ストーブを囲《かこ》んでにぎやかに話《はな》したり、長《なが》いすにねそべったり、まったく自由《じゆう》にすごしました。

エジソンも、この娯楽室《ごらくしつ》で葉巻《はまき》をふかしながら、マッケンジーの冗談《じょうだん》に、みんなといっしょに、はらをかかえてわらいました。

ときにはエジソンが、あまりじょうずでないオルガンをひくこともありました。するとみんなは、声《こえ》をはりあげて合唱《がっしょう》するのでした。

動《うご》く写真《しゃしん》

エジソンは、1912年《ねん》に「キネトフォン」というものを発明《はつめい》しました。それは映画《えいが》のフィルムとレコードがべつべつにはたらき、電気《でんき》じかけで合《あ》わせるのでした。たいへんかんたんなものでしたが、これが発達《はったつ》し、現在《げんざい》の映画《えいが》のように映像《えいぞう》と音声《おんせい》が同時《どうじ》に流《なが》れるトーキーになるのです。

蓄音機《ちくおんき》の発明《はつめい》に大成功《だいせいこう》をおさめたエジソンが、動《うご》く絵《え》、または動《うご》く写真《しゃしん》、といったものもやってみたいと考《かんが》えるのは、ごくしぜんのことでしょう。

ところで、写真《しゃしん》は、エジソンが生《う》まれるすこしまえの1839年《ねん》に、フランスのダゲールが発明《はつめい》したものですが、1871年《ねん》に、イギリスのマドックスという人《ひと》が、いまのような乾板《かんぱん》を発明《はつめい》し、だんだんと進歩《しんぽ》してきました。

1872年《ねん》、それは、エジソンが蓄音機《ちくおんき》を発明《はつめい》する5年《ねん》まえのことでしたが、マイブリッジという写真《しゃしん》の研究家《けんきゅうか》がいました。かれは競馬《けいば》がすきで、よく競馬見物《けいばけんぶつ》に出《で》かけましたが、ある日《ひ》、競馬《けいば》の勝負《しょうぶ》について争《あらそ》いが起《お》こり、大《おお》さわぎになりました。

「よし、ひとつ競馬審判用《けいばしんぱんよう》の写真機《しゃしんき》をつくってやろう。」

と、マイブリッジは、このとき考《かんが》えました。

マイブリッジは、まず、競走路《きょうそうろ》の片側《かたがわ》に24個《こ》のカメラをならべ、馬《うま》がそのそばを通《とお》ると糸《いと》が切《き》れて、カメラのシャッターが連続的《れんぞくてき》に切《き》れるというしかけをつくりました。これが、思《おも》いのほかうまくいきました。人《ひと》の目《め》ではわからない馬《うま》の動《うご》きが、ちゃんと記録《きろく》されるようになったのです。

その後《ご》、マイブリッジは、エジソンが蓄音機《ちくおんき》を発明《はつめい》したことを聞《き》き、この動《うご》く写真《しゃしん》に、蓄音機《ちくおんき》に入《い》れた音《おと》をむすびつけることはできないものか、と考《かんが》えました。そこで、1888年《ねん》のある日《ひ》、マイブリッジはエジソンのもとをたずねました。

「エジソンさん、あなたの発明《はつめい》した蓄音機《ちくおんき》に、わたしのズープラクシスコープをむすびつけたら……。」

「ズープラクシスコープですって？　みょうな名前《なまえ》ですね。」

「つまり、物《もの》の動《うご》きを見《み》る機械《きかい》、という意味《いみ》です。この機械《きかい》を使《つか》うと、たとえば競馬《けいば》の馬《うま》の動《うご》きなどを、1秒間《びょうかん》に32コマも写真《しゃしん》にとることができるのです。」

「それはすばらしい。それだったら、その写真《しゃしん》を、1秒間《びょうかん》につぎつぎと動《うご》かしていけば、動《うご》く写真《しゃしん》が見《み》られるはずだ。」

「そうなんです。火《ひ》のついた棒《ぼう》を、8分《ぶん》の1秒《びょう》に1回《かい》の速《はや》さで回《まわ》せば、火《ひ》は、輪《わ》になって見《み》えるんですからね。」

「うん。それの4倍《ばい》の速《はや》さだ。」

「そこでエジソンさんに、相談《そうだん》にきたわけなんです。これとあなたの蓄音機《ちくおんき》とをいっしょに使《つか》う。そうしたら、動《うご》きと音《おと》がいっしょに記録《きろく》される……。」

「なるほど、これはおもしろい。すばらしい考《かんが》えだ。ぜひ、やってみたいと思《おも》いますね。だが、音《おと》のほうは、あとのこととして、まず、動《うご》く写真《しゃしん》のほうを、完全《かんぜん》なものにしなければなりませんね。」

だが、そのころのエジソンは、電灯事業《でんとうじぎょう》の仕事《しごと》に追《お》われていました。そして、動《うご》く写真《しゃしん》のほうは、気《き》にしながらも、のびのびにしているうちに、フランスのマレーが、映写機《えいしゃき》の卵《たまご》のような機械《きかい》を発明《はつめい》してしまいました。もちろんそれは、ひどく原始的《げんしてき》なものでしたが。

そこでエジソンは、動《うご》く写真《しゃしん》を完全《かんぜん》なものにしあげる研究《けんきゅう》を始《はじ》めました。そして1888年《ねん》に、いわゆるキネトスコープのアイディアを公表《こうひょう》したのです。これは、短《みじか》い時間《じかん》ごとに光《ひかり》を出《だ》す電気火花《でんきひばな》を応用《おうよう》して、これでフィルムの帯《おび》をてらして、動《うご》く写真《しゃしん》を見《み》せるようにしたものでした。

だがこれは「のぞき見《み》」ですから、おおぜいの人《ひと》に一度《いちど》に見《み》せることはできませんでした。エジソンは、ここをなんとかしたいものと、それればかり考《かんが》えつづけました。

そのころアメリカに、すい星《せい》のようにあらわれたひとりの発明家《はつめいか》がありました。

ジョージ・イーストマンという、まだわかい青年《せいねん》でした。のちにカメラやフィルムで一時代《ひとじだい》をきずいたイーストマン社《しゃ》の創立者《そうりつしゃ》です。

イーストマンは、コダックとよぶ早《はや》どり写真機《しゃしんき》を発明《はつめい》して、

「ボタンをおしてくだされば、あとはわたしどもが引《ひ》きうけます。」

という、宣伝文句《せんでんもんく》で売《う》りだして、世界《せかい》の写真王《しゃしんおう》となった人《ひと》ですが、エジソンは、このイーストマンのコダックに目《め》をつけ、これを1台注文《だいちゅうもん》して、映画《えいが》の撮影機《さつえいき》に応用《おうよう》できるかどうかを調《しら》べてみました。

このイーストマンが、ガラス板《いた》の乾板《かんぱん》を使《つか》う代《か》わりに、セルロイドの透明《とうめい》なフィルムを使《つか》って写真《しゃしん》をとることを考《かんが》えだし、イーストマン・フィルムとして売《う》りだしたのです。エジソンはすぐ、「これだ。」ととびつきました。

細《ほそ》いフィルムの長《なが》い帯《おび》にうつした写真《しゃしん》を、映写機《えいしゃき》で、レンズを通《とお》して拡大《かくだい》して、スクリーンにうつしだす……これこそ現代《げんだい》の映画《えいが》であるわけです。エジソンはすぐ、イーストマンに会《あ》い、動《うご》く写真《しゃしん》に使《つか》うのに都合《つごう》のよいフィルムをつくってもらいまし

た。

撮影機《さつえいき》や映写機《えいしゃき》、そういった機械《きかい》の考案《こうあん》ならば、エジソンのもっとも得意《とくい》とするところです。フィルムを送《おく》りだす方法《ほうほう》には、フィルムの横《よこ》に穴《あな》を空《あ》け、それを歯車《はぐるま》にかけて送《おく》るジェンキンスの考案《こうあん》を採用《さいよう》しました。

こうしてエジソンの活動写真《かつどうしゃしん》は、1891年《ねん》に特許《とっきょ》が申《もう》しこまれました。

1893年《ねん》、エジソンは、ウェスト・オレンジの研究所《けんきゅうじょ》に、小《ちい》さいながらも、世界《せかい》最初《さいしょ》の映画《えいが》スタジオをたて、ここで活動写真《かつどうしゃしん》の製作《せいさく》を始《はじ》めました。もちろん、この映《えい》画《が》は、ただ動《うご》くというだけのものでした。しかし、活動写真《かつどうしゃしん》というものをはじめて見《み》る人《ひと》びとは、スクリーンにうつしだされるのを見《み》て、「動《うご》く写真《しゃしん》！」「動《うご》く写真《しゃしん》！」と、それこそ、もう大《だい》かっさいでした。

そのときのエジソンの顔《かお》は、蓄音機《ちくおんき》ができあがったときのように楽《たの》しそうでした。

「あなた、今日《きょう》はずいぶん楽《たの》しそうね。」

と、マイナ夫人《ふじん》が言《い》いました。子《こ》どもたちも、画面《がめん》と親《おや》の顔《かお》とをかわるがわるながめ

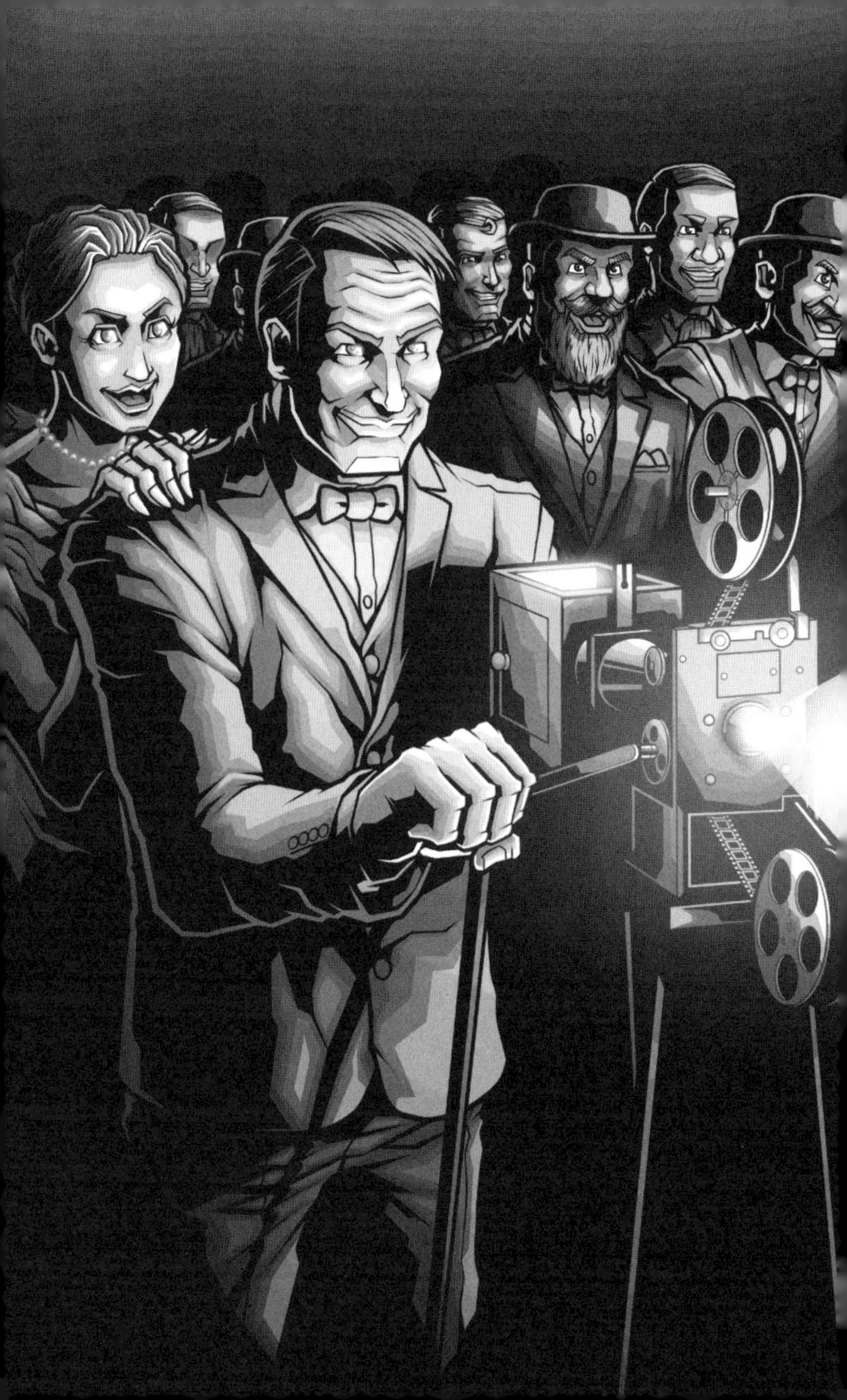

ていました。

「それはそうさ。わたしはみんながおもしろがってくれるときが、いちばん楽《たの》しいのだから。」

エジソンは、そう答《こた》えましたが、急《きゅう》に真顔《まがお》になって、

「いや、動《うご》く写真《しゃしん》は、人《ひと》びとの娯楽《ごらく》として大《おお》きく発達《はったつ》するだろうが、わたしは、それよりも教育《きょういく》のために、これはたいへん役立《やくだ》つだろうと思《おも》っているよ。いまにきっと、学校《がっこう》では、本《ほん》で勉強《べんきょう》するよりも、活動写真《かつどうしゃしん》を使《つか》って教育《きょういく》するようになるだろう。」

エジソンが発明《はつめい》した映画《えいが》と蓄音機《ちくおんき》、それがむすびついたトーキーは、その後《ご》大《おお》きく発達《はったつ》し、人《ひと》びとの娯楽《ごらく》になったばかりでなく、子《こ》どもたちの科学《かがく》や技術《ぎじゅつ》、社会科《しゃかいか》などの学習《がくしゅう》にも役立《やくだ》てられました。

エジソン蓄電池《ちくでんち》

電球《でんきゅう》のフィラメントをはじめ、エジソンのどんな発明《はつめい》にも、その努力《どりょく》ぶりとしんぼうづよさを見《み》ないものはありませんが、なかでも、もっとも困難《こんなん》をきわめたのは、蓄《ちく》電池《でんち》の研究《けんきゅう》のときです。

蓄電池《ちくでんち》の発明《はつめい》はずいぶん古《ふる》いもので、19世紀《せいき》の中《なか》ごろ、フランスのプランテという人《ひと》が考《かんが》えだしました。

この蓄電池《ちくでんち》はなまり蓄電池《ちくでんち》で、なまりの板《いた》をまいたものを2本《ほん》、うすい硫酸《りゅうさん》の中《なか》にひたし、これに電池《でんち》から電流《でんりゅう》を通《とお》して、ひじょうに長《なが》い時間《じかん》おくと、片方《かたほう》のなまりの上《うえ》に酸化《さんか》なまりの膜《まく》ができます。この両方《りょうほう》の鉛板《えんばん》を針金《はりがね》でつなぐと、その間《あいだ》に電流《でんりゅう》が流《なが》れて、電圧《でんあつ》は、約《やく》2ボルトになるのでした。

だが、このプランテの蓄電池《ちくでんち》は、充電《じゅうでん》にたいへんな時間《じかん》がかかります。それにそのころは、発電機《はつでんき》もなかったのですから、蓄電池《ちくでんち》というものの価値《かち》がわかりません。そんなわけで、そのままたいして発達《はったつ》もしなかったのでした。

エジソンは電灯《でんとう》を発明《はつめい》したとき、発電機《はつでんき》もつくりました。そこで、発電機《はつでんき》でつくられた電気《でんき》をたくわえておく蓄電池《ちくでんち》というものに、注目《ちゅうもく》したのです。だが、プランテの蓄電池《ちくでんち》では、エジソンが必要《ひつよう》とするような大《おお》きな電気《でんき》をためることはできませんでした。

すると、1881年《ねん》に、フランスのフォーレとアメリカのブラッシが、新《あたら》しい蓄電《ちくでん》池《ち》のつくり方《かた》を発明《はつめい》したのです。これは、その両極《りょうきょく》に鉛板《えんばん》を使《つか》う代《か》わりに、なまりの格子《こうし》に酸化《さんか》なまりの鉛丹《えんたん》をぬりつけたものを使《つか》って充電《じゅうでん》します。これなら充電《じゅうでん》に時間《じかん》がかからず、また、1回《かい》の充電《じゅうでん》で長《なが》く使《つか》えますので、じゅうぶん実用的《じつようてき》なものだったのです。

そのため、フォーレの蓄電池《ちくでんち》は、たいへん便利《べんり》がられ、電灯《でんとう》の電源《でんげん》や電気自動車《でんきじどうしゃ》の動力用《どうりょくよう》にも、利用《りよう》されるようになりました。

ところが、これの欠点《けってん》は、たいへん重《おも》くて、持《も》ち運《はこ》びに不便《ふべん》なのと、たくわえられる電気《でんき》の量《りょう》が少《すく》ないということでした。

エジソンは、早《はや》くもこの欠点《けってん》に気《き》がつきましたが、自分《じぶん》でその研究《けんきゅう》に手《て》をつけるひまがなかったので、だれかがなまりを使《つか》わずに、もっと軽《かる》い蓄電池《ちくでんち》を考《かんが》えだすだろうと、待《ま》っていました。しかし、20年《ねん》たっても、だれも軽《かる》い蓄電池《ちくでんち》を発明《はつめい》してくれません。

「だめだなあ、軽《かる》い蓄電池《ちくでんち》ができると、電灯《でんとう》はもっと広《ひろ》く、山奥《やまおく》でも使《つか》えるようになるんだがね。」

と、エジソンがため息《いき》まじりに言《い》うのを聞《き》いて、所員《しょいん》たちが言《い》いました。

「所長《しょちょう》、それはあなたがやるべきですよ。」

「わたしも、そう考《かんが》えてはいるんだがね。だが、これは、なみたいていにできることではないのでね。」

「だって、蓄音機《ちくおんき》だって電灯《でんとう》だって、みんなができないことをやってのけた、あなたではありませんか。」

そこでエジソンは、とうとう軽《かる》い蓄電池《ちくでんち》の研究《けんきゅう》にとりかかることになりました。

さて、研究《けんきゅう》に手《て》をつけてみると、いままでだれも手《て》を出《だ》さなかったわけです。それは、おそろしくむずかしい仕事《しごと》でした。なまり以外《いがい》のあらゆる金属《きんぞく》を使《つか》い、あらゆる薬品《やくひん》を使《つか》って、実験《じっけん》をこころみてみましたが、どうしてもうまくいかないのです。

ある日《ひ》、友人《ゆうじん》のビーチという人《ひと》がやってきました。この人《ひと》はのちに、ゼネラル・エレクトリックの電気鉄道課《でんきてつどうか》の仕事《しごと》をした人《ひと》ですが、エジソンの蓄電池《ちくでんち》の研究《けんきゅう》のことをたずねて、

「思《おも》いのほか、むずかしい問題《もんだい》らしいね。さすがのきみも、弱《よわ》ったろう。」

と言《い》いました。すると、エジソンが答《こた》えました。

「ビーチ君《くん》、わたしは、よい蓄電池《ちくでんち》の秘密《ひみつ》を明《あ》かしてくれないほど、神《かみ》さまは不親切《ふしんせつ》じゃないと思《おも》うね。」

「じゃあ、この秘密《ひみつ》の鍵《かぎ》は、どうしたら見《み》つかるというんだね。」

「もうれつに考《かんが》えたうえで、もうれつに実験《じっけん》をやってみることさ。」

だが、エジソンの研究《けんきゅう》も、失敗《しっぱい》の連続《れんぞく》でした。月日《つきひ》はどんどんと、たっていきます。それでもエジソンは、気《き》を落《お》としません。

「今日《きょう》の失敗《しっぱい》は、あすはとりかえせる。あすだめなら、あさってとりかえす……。」

いつも希望《きぼう》をすてません。朝《あさ》から晩《ばん》まで、硫酸《りゅうさん》、硝酸《しょうさん》、かせいソーダなどの強《つよ》い薬品《やくひん》をいじるエジソンの手《て》は、すっかりあれてしまいました。

世界一《せかいいち》の天才発明家《てんさいはつめいか》が、考《かんが》えに考《かんが》えぬき、たいへんな熱心《ねっしん》さで、しかも、だれもまねのできないほどのしんぼうづよさで研究《けんきゅう》をつづけ、それで1年《ねん》たっても2年《ねん》たっても発明《はつめい》できない、軽《かる》い蓄電池《ちくでんち》。そんな研究《けんきゅう》は、はたの人《ひと》びとの目《め》には、まったく不可能《ふかのう》なことにとりくんでいるとしか見《み》えなかったのもむりはありません。

エジソンといつもいっしょに研究《けんきゅう》をつづけていたひとりの所員《しょいん》などは、

「この研究《けんきゅう》は、エジソンがいままでやりとげたぜんぶの研究《けんきゅう》をいっしょにしたのより、もっとたいへんんだ。しかもエジソンは、ひとつの実験《じっけん》に失敗《しっぱい》すると、『これで成《せい》功《こう》に一歩近《いっぽちか》づいた。』と言《い》うのだ。これほどの努力《どりょく》には、いかなる自然《しぜん》も、根負《こんま》けせずにはいられまい。わたしは、エジソンの蓄電池《ちくでんち》がうまくいくかどうか知《し》らないが、いずれにしても、もうエジソンは、世界的発明家《せかいてきはつめいか》などというよりも、世界《せかい》の偉人《いじん》だという気《き》がしてきた。」

と、しみじみ言《い》ったものです。

こうしてなお、いろいろな金属《きんぞく》や薬品《やくひん》を組《く》みあわせて電池《でんち》をつくってためすうち、いつしか3000種類《しゅるい》もの実験《じっけん》をやってしまいました。その結果《けっか》、なまり以外《いがい》では、ニッケルと鉄《てつ》が、どうやら希望《きぼう》のもてる性質《せいしつ》をもっていることがわかったのです。

エジソンは、ウェスト・オレンジ研究所《けんきゅうじょ》からすこしはなれたシルバーレークに、化学工場《かがくこうじょう》をたてました。それは、研究《けんきゅう》に必要《ひつよう》な、いろいろな形《かたち》のニッケルと鉄《てつ》を製造《せいぞう》するためでした。

このころのエジソンは、昼《ひる》も夜《よる》も研究所《けんきゅうじょ》ですごしました。だが、このようなときには、かえって、むりになる仕事《しごと》はしません。適当《てきとう》な休息《きゅうそく》を自分《じぶん》もとり、いっしょに研《けん》究《きゅう》する人《ひと》たちにもとらせます。

そのような時間《じかん》は、エジソンにとって、特別《とくべつ》に楽《たの》しいように見《み》えました。にこにこしながら、みんなの、たわいない話《はなし》やおかしな冗談《じょうだん》に耳《みみ》をかたむけ、いっしょに、大《おお》きな声《こえ》でわらいあったりするのです。そんなときのエジソンは、まるで子《こ》どものようですが、さて時間《じかん》が来《く》ると、急《きゅう》に真剣《しんけん》な顔《かお》つきになって、精力的《せいりょくてき》な発明家《はつめいか》に返《かえ》るのです。

あるときエジソンは、あまり長《なが》く仕事《しごと》をしたので、しばらくねむるからといって、実験室《じっけんしつ》を出《で》ていきました。すこしたって所員《しょいん》が、エジソンの部屋《へや》へ行《い》ってみますと、エジソンは机《つくえ》の上《うえ》で、えびのように体《からだ》を曲《ま》げてねむっています。かたい机《つくえ》の上《うえ》でよくねむれるものだ、と思《おも》いながらのぞいてみると、頭《あたま》は、あつい本《ほん》をまくらにしているのです。なんの本《ほん》だろうとよく見《み》ると、それは、ワットの化学辞典《かがくじてん》なのです。

「所長《しょちょう》はきっと、ねているあいだに、本《ほん》の中《なか》に書《か》いてあることを、すいとるんだろうな。」

と、みんなは、わらったり、感心《かんしん》したりしました。

このような、なにものにもくじけることのない熱意《ねつい》と努力《どりょく》の結果《けっか》、10年目《ねんめ》の1909年《ねん》になって、はじめて、エジソン式蓄電池《しきちくでんち》ができあがったのです。

エジソンの考案《こうあん》は、たくさんの穴《あな》を空《あ》けた金属《きんぞく》の入《い》れものをつくって、その中《なか》に、電気《でんき》を起《お》こす役目《やくめ》をする物質《ぶっしつ》を入《い》れるのです。つまり、陽極《ようきょく》には水酸化《すいさんか》ニッケルを使《つか》い、陰極《いんきょく》に酸化鉄《さんかてつ》を使《つか》って、これを水酸化《すいさんか》カリウムの溶液《ようえき》の中《なか》にひたし、これに電流《でんりゅう》を送《おく》って、充電《じゅうでん》して電気《でんき》をたくわえようというものでした。

理屈《りくつ》はこれでよいのですが、実際《じっさい》に使《つか》える品物《しなもの》になるまでには、さらに、薬品《やくひん》の品《ひん》質《しつ》や電池《でんち》の構造《こうぞう》などに、たいへんな苦心《くしん》がはらわれました。

たとえば、純粋《じゅんすい》のニッケルの、ごくうすい板《いた》をつくるのに、金属《きんぞく》の筒《つつ》の上《うえ》に銅《どう》をめっきし、その上《うえ》にニッケルをめっきし、また銅《どう》をめっきするという方法《ほうほう》を、100回《かい》もくりかえし、あとからそれを、ていねいにはがす、などというように、それはそれは苦心《くしん》したつくり方《かた》なのです。

こうして1909年《ねん》の夏《なつ》に、はじめて新型《しんがた》のエジソン式蓄電池《しきちくでんち》の製品《せいひん》がつくられました。それまでには、10年《ねん》の年月《ねんげつ》と300万《まん》ドルの研究費《けんきゅうひ》が使《つか》われていますが、そのあいだにエジソンが行《おこな》った実験《じっけん》の回数《かいすう》は、なんと5万回《まんかい》をこえているのでした。

この話《はなし》だけでも、エジソンこそ、人類《じんるい》のためにはたらきつづけた人《ひと》といえるでしょう。

エジソンが発明《はつめい》した蓄電池《ちくでんち》は、硫酸《りゅうさん》の代《か》わりに、アルカリである水酸化《すいさんか》カリウム溶《よう》液《えき》を使《つか》うところから、普通《ふつう》には、アルカリ蓄電池《ちくでんち》とよんでいます。

鉄鉱《てっこう》ととりくむ

1879年《ねん》といえば、エジソン式蓄電池《しきちくでんち》の発明《はつめい》より30年《ねん》もまえのことですが、そのころエジソンは、大西洋沿岸《たいせいようえんがん》のロングアイランドの海岸《かいがん》に、すばらしい砂鉄《さてつ》の層《そう》がある、という話《はなし》を聞《き》きました。

「そんなに砂鉄《さてつ》があるのだったら、磁力《じりょく》で砂《すな》から分《わ》けたら、鉄《てつ》の原料《げんりょう》として使《つか》えるかもしれないね。」

と、所員《しょいん》をかえりみて言《い》いました。

「所長《しょちょう》、ひとつ、見《み》にいこうじゃありませんか。」

助手《じょしゅ》のひとりが、エジソンをさそいました。

エジソンはその助手《じょしゅ》をつれて、ロングアイランドのクオーグというところへ出《で》かけました。行《い》ってみると、なるほどそこには、まっ黒《くろ》な大《おお》きな砂鉄《さてつ》の山《やま》があります。おそらく何十万《なんじゅうまん》トンという鉄《てつ》がとれるにちがいありません。

発明《はつめい》にばかりでなく、企業的《きぎょうてき》なことにも、すぐれた才能《さいのう》のあるエジソンは、さっそく、小《ちい》さな工場《こうじょう》をたてる計画《けいかく》を始《はじ》めました。

ところがある晩《ばん》のこと、大暴風雨《だいぼうふうう》が起《お》こって、海岸《かいがん》のその砂鉄《さてつ》は、一夜《いちや》のうちに、波《なみ》にあらいながされ、エジソンのせっかくの計画《けいかく》は、だめになってしまいました。

そのうちにも、アメリカの産業《さんぎょう》は、どんどん発達《はったつ》していって、鉄《てつ》の需要《じゅよう》が、ひじょうに高《たか》まってきましたが、アメリカ東部《とうぶ》の鉄鉱山《てっこうざん》でほられる鉄鉱石《てっこうせき》の品質《ひんしつ》は、だんだんひくくなってきました。こんな鉄鉱石《てっこうせき》を、鉄道《てつどう》で製鉄所《せいてつじょ》まで送《おく》るのは、役《やく》に立《た》たない岩石《がんせき》ばかりを送《おく》るようなものです。そこで、鉱山《こうざん》で選鉱《せんこう》（えらびわけ）して、鉄鉱《てっこう》石《せき》のよい部分《ぶぶん》だけを集《あつ》めて運《はこ》びたいという話《はなし》が出《で》てきました。

「いつかのロングアイランドの計画《けいかく》を、また始《はじ》めてみるか。」

鉄鉱石《てっこうせき》というのは、磁石《じしゃく》にすいよせられる性質《せいしつ》をもっています。だから、細《こま》かくくだいて磁石《じしゃく》で引《ひ》っぱれば、鉱物《こうぶつ》を多《おお》くふくむ鉱石《こうせき》と、そのほかの岩石《がんせき》とは分《わ》かれるはずなのです。

エジソンは、鉄鉱石《てっこうせき》のふんさい機《き》を設計《せっけい》し、この機械《きかい》で、細《こま》かくくだいた鉄鉱石《てっこうせき》を、細《ほそ》い流《なが》れにして磁石《じしゃく》の間《あいだ》を落下《らっか》させてみました。鉱石《こうせき》は、磁石《じしゃく》のほうに引《ひ》きよせられますが、まじっている岩石《がんせき》は引《ひ》かれません。こうして、鉄鉱石《てっこうせき》の選鉱問題《せんこうもんだい》は、エジソンの手《て》で、かんたんにかたづいてしまいました。

そこでエジソンは、さっそく、ニュージャージーに選鉱所《せんこうじょ》をたてて、仕事《しごと》を始《はじ》めました。エジソンは、細《こま》かい粉《こな》にした鉱石《こうせき》を、480個《こ》の磁石《じしゃく》の間《あいだ》を通《とお》すことによって、91パーセントから93パーセントの酸化鉄《さんかてつ》をふくむ、上等《じょうとう》の鉱石《こうせき》をつくりだすことに成功《せいこう》したのです。

ところで、そうしているうちに、東部《とうぶ》の鉄鉱石《てっこうせき》は、だんだんに心細《こころぼそ》くなってきました。そこでエジソンは、ひとつ、自分《じぶん》の手《て》で鉄《てつ》の山《やま》をさがしだしてみようと思《おも》いたちました。

だが、エジソンは、もちろん鉱山技師《こうざんぎし》ではありませんから、ハンマーを持《も》って山歩《やまある》きをしても、はたしてよい鉱山《こうざん》が見《み》つかるかどうか、わかりません。が、そこはさすがにエジソンです。うまい方法《ほうほう》を考《かんが》えだしました。ひじょうに敏感《びんかん》に動《うご》く磁石《じしゃく》の針《はり》をつくりました。この針《はり》をぶらさげて歩《ある》くと、大《おお》きな鉄鉱石《てっこうせき》のかたまりがあれば、針《はり》の先《さき》は、それに引《ひ》かれて、地面《じめん》のほうへ向《む》くわけです。

エジソンは、これを持《も》って、さっそくニュージャージーの鉄山地帯《てつざんちたい》を、足《あし》にまかせて歩《ある》きまわりました。が、なかなか思《おも》うような鉄鉱石《てっこうせき》の鉱脈《こうみゃく》を見《み》つけることができませんでした。

ところが、ある日《ひ》のことです。エジソンたちが、これまでだれも鉄探《てつさが》しなどしたことのない山《やま》の尾根《おね》の上《うえ》を歩《ある》いていますと、磁石《じしゃく》の針《はり》が、急《きゅう》に強《つよ》く地面《じめん》に引《ひ》かれるのに気《き》づいたのです。それっとばかり、すぐさまそこを調《しら》べてみると、なんと、その山《やま》ぜんぶが鉄鉱石《てっこうせき》だったのです。

エジソンは、この探鉱器《たんこうき》をいくつもつくり、各地《かくち》に鉄鉱石《てっこうせき》の山《やま》をさがす探鉱隊《たんこうたい》を送《おく》りだして、広《ひろ》く鉄《てつ》の資源《しげん》をさがしもとめさせました。

こうしてエジソンの大《おお》がかりな鉄《てつ》の採鉱経営《さいこうけいえい》が始《はじ》まりました。ちょうどそのころ、アメリカの社会《しゃかい》の景気《けいき》がもちなおしはじめてきて、鉄《てつ》の値段《ねだん》は、どんどん高《たか》くなるいっぽうです。こうなるとエジソンは、いままでの鉱山《こうざん》になかった新《あたら》しい技術《ぎじゅつ》を、勇《ゆう》敢《かん》にとりいれて、どんどん生産《せいさん》を高《たか》めようと考《かんが》えました。

エジソンは、まず安《やす》い鉄鉱石《てっこうせき》をほるのだから、採掘《さいくつ》の費用《ひよう》をうんと安《やす》くしなければならないと考《かんが》えました。

そこで、ダイナマイトによる大《おお》がかりな爆破作業《ばくはさぎょう》を始《はじ》めました。

まず鉄鉱石《てっこうせき》の山《やま》の横《よこ》はらに、直径《ちょっけい》8センチメートル、深《ふか》さ6メートルぐらいの深《ふか》い穴《あな》を、2〜3メートルの距離《きょり》をおいて何本《なんぼん》もほります。そうして、この中《なか》にダイナマイトをしかけて、一度《いちど》に爆発《ばくはつ》させると、3万《まん》トンから3万《まん》5000トンの岩《いわ》が、くずれおちるのです。

これを、ひじょうに大《おお》きな蒸気《じょうき》シャベルですくって、貨車《かしゃ》に積《つ》みこみ、選鉱場《せんこうば》に運《はこ》ぶと、ここで鉄鉱石《てっこうせき》は自動的《じどうてき》に、大《おお》きな鉄《てつ》のローラーの間《あいだ》に投《な》げこまれ、たちまちにくだかれてしまいます。

このローラーがはたらいているところは、まったくものすごいばかりの光景《こうけい》で、大《おお》きな石《いし》がローラーに投《な》げこまれると、耳《みみ》がさけそうな音《おと》がして、数秒間《すうびょうかん》で、大石《たいせき》が小《ちい》さな石《いし》になって流《なが》れでるのです。これにくだかれた鉱石《こうせき》は、さらにいくつかのローラーで、だんだん小《ちい》さくくだかれます。こうしてできた鉱石《こうせき》の粉《こな》は、エジソンお得意《とくい》の磁力選鉱機《じりょくせんこうき》にかけられて、鉱石《こうせき》だけえらばれ、最後《さいご》にかためて炉《ろ》の中《なか》で焼《や》いて、決《き》まった大《おお》きさのかたまりにして製鉄所《せいてつじょ》に送《おく》られるのです。

こうしてつくられるエジソンの鉱石《こうせき》は、93パーセントも酸化鉄《さんかてつ》をふくむ上等《じょうとう》なものでしたから、どこでもたいへんよろこばれてよく売《う》れました。1897年《ねん》には、毎日《まいにち》20トン積《づ》みの貨車《かしゃ》77両《りょう》でこれを送《おく》りだすというほどでした。そのため、そこの鉄道《てつどう》には「エジソン駅《えき》」という停車場《ていしゃじょう》ができるまでになりました。

しかし、世《よ》の中《なか》の動《うご》きには、エジソンでも勝《か》てないことがあるものです。エジソンのこの事業《じぎょう》が、いよいよ発展《はってん》しようとしていたときに、ミネソタ州《しゅう》にたいへん大《おお》きな鉄山《てつざん》が発見《はっけん》され、エジソンの山《やま》の鉱石《こうせき》の半分以下《はんぶんいか》の値段《ねだん》で、どんどん売《う》りだされはじめたのです。

これでは、いくらがんばってみたところで勝負《しょうぶ》になりません。エジソンの事業《じぎょう》は、大打撃《だいだげき》を受《う》けて、とうとう閉鎖《へいさ》するほかなくなってしまいました。それは、エジソンが52歳《さい》のときでした。

エジソンはこの事業《じぎょう》に、ほとんどその全財産《ぜんざいさん》を注《そそ》いでいたのですから、この山《やま》の閉《へい》鎖《さ》は、それこそひじょうな痛手《いたで》でした。だが、エジソンはすこしも、がっかりしませんでした。

「すこしでも世《よ》の中《なか》のためになったのだから、それで、なにもくやむところはない。」

こう言《い》って、この失敗《しっぱい》から新《あたら》しい成功《せいこう》を生《う》みだすことに、心《こころ》を向《む》けるのでした。

4 世界《せかい》の偉人《いじん》

45メートルの大釜《おおがま》

「へえ、エジソンが、セメントの製造《せいぞう》を始《はじ》めるんだって？」

「いくらエジソンだって、あんまり手《て》を広《ひろ》げないほうがよくはないのかな。」

「やっぱり、もちはもち屋《や》だからな。」

友人《ゆうじん》たちは、心配《しんぱい》して、こう語《かた》りあいました。エジソンが、セメントの製造《せいぞう》を始《はじ》めると聞《き》いたからです。

それは、みんなが心配《しんぱい》するのもむりはありません。電灯《でんとう》にしろなんにしろ、エジソンの事業《じぎょう》は、エジソンの発明《はつめい》にもとづいた事業《じぎょう》だったのですが、セメント製造《せいぞう》は古《ふる》い工業《こうぎょう》です。競争会社《きょうそうがいしゃ》も、たくさんあります。そのなかへエジソンがわりこんで、はたしてそのはげしい競争《きょうそう》に勝《か》っていけるでしょうか？

そのころ、アメリカの工業《こうぎょう》は、5年《ねん》ごとに2倍《ばい》になるという勢《いきお》いでしたので、いろいろな工業《こうぎょう》がどんどんたちました。セメントは、いくらつくっても、まにあわないほどです。そのうえにエジソンは、将来《しょうらい》の建築《けんちく》についての考《かんが》えがありました。

あるときエジソンは、研究所《けんきゅうじょ》の顧問《こもん》をしているダイヤーと、昔《むかし》の建築《けんちく》のことについて話《はな》しあっていました。ダイヤーがエジソンにたずねました。

「これからの家《いえ》は、なんでつくられるようになるでしょうかね。」

「木《き》はくさるから、だめだね。火事《かじ》も、あぶないしね。れんがは、くずれやすい……。」

「では、なんですか。」

「セメントと鉄《てつ》にかぎる。これなら、こわれないし、もえないしね。」

こういう考《かんが》え方《かた》から、エジソン・ポートランド・セメント会社《がいしゃ》は出発《しゅっぱつ》しました。

事務長《じむちょう》のマロリーは、工場《こうじょう》の設計《せっけい》を、だれかよい専門《せんもん》の技師《ぎし》にたのもうと、エジソ

ンに相談《そうだん》しました。ところが、エジソンは、

「とんでもない。そんなことは、わたしが自分《じぶん》でやるよ。」

と、すぐ製図室《せいずしつ》にとじこもって、設計図《せっけいず》をかきはじめました。そうして、24時間《じかん》ぶっ通《とお》しでかきつづけ、りっぱな設計図《せっけいず》をつくりあげました。

エジソンの設計《せっけい》したセメント工場《こうじょう》は、やはり、いままでの古《ふる》い工場《こうじょう》とちがった最新《さいしん》式《しき》のものでした。そればかりでなく、機械《きかい》の重要部分《じゅうようぶぶん》や、細《こま》かい設備《せつび》の点《てん》までじつによく研究《けんきゅう》してあるのです。

石灰石《せっかいせき》をくだいて、ねんどをまぜて焼《や》くのが、一般的《いっぱんてき》なセメントのつくり方《かた》ですが、この製造方法《せいぞうほうほう》を、できるだけ自動的《じどうてき》に行《おこな》えるようにしたほか、機械《きかい》の能率《のうりつ》をよくするため、油《あぶら》のさし方《かた》、そのむだのはぶき方《かた》まで、ちゃんと研究《けんきゅう》してあるのです。

これには、さすがのマロリーも、びっくりしましたが、なによりもかれをおどろかせたのは、セメントを焼《や》く回転釜《かいてんがま》です。

それまでセメント工場《こうじょう》で使《つか》われていた回転釜《かいてんがま》は、直径《ちょっけい》1・8メートル、長《なが》さ18メー

トルが標準《ひょうじゅん》で、それ以上長《いじょうなが》い釜《かま》は、こわれやすくて使《つか》えないとされていました。ところが、エジソン設計《せっけい》の回転釜《かいてんがま》は、長《なが》さが、なんと45メートルもあったのです。

それまでの釜《かま》では、セメントは24時間《じかん》に200たるしかできませんが、この釜《かま》でなら、1000たるは、ゆうにできると、エジソンは計算《けいさん》していました。さて、工場《こうじょう》ができあがり、回転釜《かいてんがま》が動《うご》きだしました。そうして、24時間《じかん》ののちには、400たるのセメントができました。試運転《しうんてん》の責任者《せきにんしゃ》だったマロリーは、すぐその結果《けっか》を、エジソンに報告《ほうこく》しました。ところが、エジソンはひどくがっかりして、

「だめだ、だめだ、やりなおしたまえ。」

と言《い》うのです。

そこで、マロリーは苦労《くろう》して、とうとうセメントの製造量《せいぞうりょう》を、一日《にち》650たるにまで上《あ》げました。そうして、いそいそとウェスト・オレンジにエジソンをたずねますと、エジソンはよろこぶかと思《おも》いきや、いっそうがっかりした顔《かお》をして、

「だめだねえ。きみ、釜《かま》は1000たるできるようにつくってあるんだ。釜《かま》のほうに

故障《こしょう》はないのだから、きみの運転《うんてん》のやり方《かた》が悪《わる》いんだ。もう一度《いちど》やりなおしてみたまえ。」

しかたがないので、マロリーはまた、工場《こうじょう》へもどって、いろいろ苦心《くしん》してみました。その結果《けっか》、セメントの製造量《せいぞうりょう》はだんだん高《たか》くなって、800たるにふえました。

「エジソンさん、800たるになりました。」

「だめ、だめ、1000たるだよ。」

エジソンは、自分《じぶん》の設計《せっけい》にぜったいの自信《じしん》をもっています。そうしてマロリーに、いろいろと注意《ちゅうい》をあたえました。マロリーは、もう一度《いちど》やってみました。

「エジソンさん。1000たるできましたよ。やっぱりあなたの言《い》うとおりでしたね。」

マロリーのこの報告《ほうこく》を聞《き》いて、エジソンは、はじめてにっこりしながら言《い》いました。

「そうだろう。ごくろうさん。だがね、もうひとくふうしてみないか、マロリー君《くん》。」

こうしてとうとう、24時間《じかん》に1100たるのセメントをつくるところまでおしすすめたのです。

エジソン・ポートランド・セメント会社《がいしゃ》は、たちまち5大《だい》セメント会社《がいしゃ》の列《れつ》にわりこんでしまいました。そうして、わずかのあいだに、鉄鉱山《てっこうざん》でうしなった損害《そんがい》など、とりかえすほどの利益《りえき》を上《あ》げたのでした。

やがてエジソンは、住宅《じゅうたく》の改良《かいりょう》と、さらにセメントの需要《じゅよう》をふやすために、コンクリート住宅《じゅうたく》の設計《せっけい》を考案《こうあん》しました。

家《いえ》の原型《げんけい》をつくって、それに鉄《てつ》の骨組《ほねぐ》みを組《く》みたて、そこへコンクリートを流《なが》しこんでかたまらせるという方法《ほうほう》で、安《やす》く、だれでもが住《す》めるアパートをつくろうと考《かんが》えたのです。

ところが、エジソンの考《かんが》えには、建築家《けんちくか》たちが、みんな反対《はんたい》でした。建築家《けんちくか》たちは、セメントとじゃりと砂《すな》と水《みず》をまぜたコンクリートが、家《いえ》の型《かた》のすみずみまで流《なが》れこむなどということは、ありえないというのです。それでなければ、重《おも》い石《いし》だけが下《した》にしずんで、セメントと分《わ》かれてしまうからだめだといいます。また、表面《ひょうめん》が、きたなくてだめだというのです。

エジソンは、実際《じっさい》に家《いえ》をたててみせようと考《かんが》えました。

まず、土台《どだい》になる地下室《ちかしつ》の床《ゆか》を、コンクリートでつくり、その上《うえ》に、コンクリートを流《なが》しこむ鉄板《てっぱん》の型《かた》を組《く》みたてました。型《かた》の中《なか》には鉄筋《てっきん》が入《い》れられました。

大《おお》きなコンクリート・ミキサーがつくられ、その中《なか》で、セメントと砂《すな》とじゃりが、水《みず》といっしょにまぜられます。それを、組《く》み立《た》てやぐらの上《うえ》のタンクの中《なか》に送《おく》ります。タンクからは、何本《なんぼん》ものといが、かべや屋根《やね》などになる型《かた》の中《なか》にみちびかれ、この中《なか》を流《なが》れて、コンクリートはそれぞれの部分《ぶぶん》に、つめこまれたのです。

この流《なが》しこみは、6時間《じかん》で終《お》わりました。型《かた》はそのまま、6日間《むいかかん》そっとしておかれました。やがてコンクリートがかたまりました。型《かた》の鉄板《てっぱん》が、とりのぞかれます。さあ、その中《なか》からは、りっぱなコンクリート住宅《じゅうたく》があらわれたのです。

この家《いえ》を見《み》にきた人《ひと》びとは、みんなびっくりしました。コンクリートは、かべも、柱《はしら》も、天井《てんじょう》も、ひとつのかたまりになっていますし、そのうえに、かべの表面《ひょうめん》は、いかにもなめらかで、きれいでした。小《ちい》さな家《いえ》ですが、浴室《よくしつ》もあり、電線《でんせん》も、水道管《すいどうかん》も、暖房用《だんぼうよう》のパイプも、コンクリートの中《なか》にとりつけてありました。

「へえ、セメントだけで、こんなみごとな家《いえ》が、こんなにもかんたんにできるのですかねえ。」

と、人《ひと》びとはみな、感心《かんしん》してしまいました。

だが、家《いえ》というものは、住《す》む人《ひと》の習慣《しゅうかん》とか、好《この》みということがたいへん影響《えいきょう》します。だから、エジソンが考《かんが》えた、便利《べんり》な家《いえ》というだけでは、すぐにはやりだすというわけにはいきませんでしたが、しかしその後《ご》、時代《じだい》のうつりかわりにつれて、この住《じゅう》宅《たく》は、だんだん発展《はってん》していきました。

戦争《せんそう》ぎらい

エジソンは、兵器《へいき》の研究《けんきゅう》に興味《きょうみ》をもたず、手《て》をつけたこともありませんでした。

エジソンの父《ちち》の時代《じだい》にはアメリカ独立戦争《どくりつせんそう》があり、自身《じしん》は南北戦争《なんぼくせんそう》の最中《さいちゅう》に育《そだ》ち、戦争《せんそう》の刺激《しげき》を受《う》けることも多《おお》かったエジソンが、兵器《へいき》の研究《けんきゅう》をしなかったということには、ある考《かんが》えがありました。

エジソンは、いろいろな発明《はつめい》に強《つよ》い興味《きょうみ》をもち、また、事業心《じぎょうしん》もなかなかさかんでしたが、自分《じぶん》の発明《はつめい》は、あくまで「人類《じんるい》のために」、という精神《せいしん》をすてなかったのです。また、その信念《しんねん》があればこそ、むずかしい研究《けんきゅう》に、あれだけの努力《どりょく》もはらえたのでしょう。

エジソンは、ほんとうに平和《へいわ》を愛《あい》する人《ひと》でした。そうして戦争《せんそう》をきらっていました。エジソンは、いろいろな便利《べんり》な発明《はつめい》で、世界《せかい》の国々《くにぐに》が豊《ゆた》かになれば、戦争《せんそう》などはなくなるものだ、という考《かんが》えをもっていました。電灯《でんとう》・蓄音機《ちくおんき》・映画《えいが》などといった発明《はつめい》には、そのことがよく表《あらわ》れています。

1914年《ねん》の7月《がつ》に、ヨーロッパで第一次世界大戦《だいいちじせかいたいせん》が始《はじ》まりました。

そのころ、科学《かがく》や工業《こうぎょう》の研究《けんきゅう》では、世界《せかい》でドイツがいちばん進《すす》んでいました。ことに化学製品《かがくせいひん》は、ほかのどの国《くに》より、とくにすぐれていました。ドイツの染料《せんりょう》、医薬《いやく》、ガラス、マグネシウムなどの金属類《きんぞくるい》、そういったものを、アメリカの産業界《さんぎょうかい》では、ドイツからたくさん輸入《ゆにゅう》していました。

それが、戦争《せんそう》が始《はじ》まると同時《どうじ》に、ぴったり入《はい》ってこなくなったのです。アメリカはまだ、ドイツと戦争《せんそう》はしていなかったのですが、イギリスの海軍《かいぐん》がドイツの海路《かいろ》を封鎖《ふうさ》して、ドイツの商船《しょうせん》の動《うご》きを止《と》めてしまったからです。

アメリカの工業界《こうぎょうかい》は、たいへんこまりました。ことに織物業《おりものぎょう》や染《そ》め物業《ものぎょう》は、ドイツの染料《せんりょう》が入《はい》らなくなっては、どうしようもありません。そこでなんとかして、アメリカでその原料《げんりょう》をつくろうと、大急《おおいそ》ぎで研究《けんきゅう》しはじめたのです。

しかし、おいそれと、すぐにはとてもまにあいません。ことに、エジソンの蓄音機《ちくおんき》工場《こうじょう》では、レコードの原料《げんりょう》に使《つか》う石炭酸《せきたんさん》が、ぜひ必要《ひつよう》なのですが、ほうぼうの薬品会《やくひんがい》社《しゃ》に注文《ちゅうもん》してみましても、これから研究《けんきゅう》して製造《せいぞう》を始《はじ》めるのだから、少《すく》なくとも1年《ねん》ぐらいたたなければできないという返事《へんじ》です。

そこでエジソンは、

「よし、それならひとつ、われわれの手《て》でつくってみることにしよう。」

というわけで、すぐ、蓄電池《ちくでんち》のニッケルをつくっていたシルバーレークの化学工場《かがくこうじょう》を広《ひろ》げて、その研究《けんきゅう》にとりかかりました。研究所《けんきゅうじょ》の人《ひと》たちは、はりきって、24時間《じかん》3交《こう》代《たい》の、ぶっつづけで仕事《しごと》にとりくみました。その努力《どりょく》の結果《けっか》、それから20日目《はつかめ》には、早《はや》くも石炭酸《せきたんさん》がとれるようになりました。

戦争《せんそう》はいよいよはげしくなって、アメリカも、イギリスやフランスといっしょに、ドイツとたたかう気配《けはい》が濃《こ》くなってきました。

アメリカ海軍長官《かいぐんちょうかん》のダニエルズは、この戦争《せんそう》はどうしても、科学《かがく》と技術《ぎじゅつ》の力《ちから》を大《おお》きく利用《りよう》しなければならないと考《かんが》え、海軍顧問委員会《かいぐんこもんいいんかい》という機関《きかん》をつくって、多《おお》くの科《か》学者《がくしゃ》たちを集《あつ》めました。

ダニエルズ長官《ちょうかん》は、この委員会《いいんかい》の議長《ぎちょう》には、どうしても発明王《はつめいおう》エジソンをすえなければ、と考《かんが》えました。だが、エジソンは、戦争《せんそう》ぎらいでとおっている人《ひと》ですから、とてもそれを承知《しょうち》しそうもありません。そこでダニエルズは、いそがしいなかをわざわざ、エジソンをその屋敷《やしき》にたずねていったのです。

「アメリカは、いずれイギリス側《がわ》にくわわって、ドイツとたたかうことになると思《おも》います。それが、この戦争《せんそう》を早《はや》く終《お》わらせて、人類《じんるい》を戦争《せんそう》の不幸《ふこう》からすくうことだと思《おも》います。この戦争《せんそう》を終《お》わらせるには、アメリカは軍隊《ぐんたい》だけでなく、工業《こうぎょう》や科学《かがく》の力《ちから》を最大限《さいだいげん》に利用《りよう》しなければならないのです。」

エジソンは、深《ふか》くうなずきました。

「そこで、これは大統領《だいとうりょう》からのお願《ねが》いなのですが、エジソンさんにぜひ、今度《こんど》できた海軍顧問委員会《かいぐんこもんいいんかい》の議長《ぎちょう》になっていただきたいのです。」

「そう、国《くに》を守《まも》るためなら、わたしはすべてをぎせいにしてもつくすつもりです。だが、わたしは、いままでに武器《ぶき》の研究《けんきゅう》というものは、一度《いちど》もやったことがありません。だから、その意味《いみ》では、あまり役《やく》に立《た》つとは思《おも》えませんが。」

「いや、なにも大砲《たいほう》とか魚雷《ぎょらい》とかばかりを研究《けんきゅう》するというわけではありません。あなたのいままでのご発明《はつめい》そのものが、アメリカの国力《こくりょく》を増進《ぞうしん》するうえに、大《おお》きな役割《やくわり》をはたすのです。その意味《いみ》で、多《おお》くの科学者《かがくしゃ》や工業家《こうぎょうか》たちの、相談相手《そうだんあいて》になってくだされればよいのです。」

「ああ、それだったら、わたしにもやれそうですね。」

「エジソンさんが議長《ぎちょう》であるというだけで、科学者《かがくしゃ》たちは、はげまされるでしょう。」

こうしてエジソンは、こころよくダニエルズ長官《ちょうかん》の申《もう》し出《で》を引《ひ》きうけました。

まもなくアメリカが戦争《せんそう》にくわわったので、海軍顧問委員会《かいぐんこもんいいんかい》は、ひじょうにいそがしくなりました。いろいろな問題《もんだい》が、ひっきりなしに持《も》ちこまれてきます。そのなかでのいちばん大《おお》きな問題《もんだい》は、ドイツの潜水艦《せんすいかん》の攻撃《こうげき》を、どうしたらふせげるかということでした。

しかし、議長《ぎちょう》のエジソン自身《じしん》が、いまそんな研究《けんきゅう》をやってみるひまはありません。そこでエジソンは、ふと思《おも》いついて、ゼネラル・エレクトリックのクーリッジ博士《はくし》をよびました。例《れい》のタングステン・フィラメントを発明《はつめい》した人《ひと》です。

「やあ、クーリッジ君《くん》。あなたならきっと、潜水艦《せんすいかん》を発見《はっけん》する機械《きかい》を考《かんが》えだしてくれると思《おも》うんだが、ひとつやってみてくれませんかな。」

「潜水艦《せんすいかん》の発見《はっけん》ですか。これはむずかしい問題《もんだい》ですね。」

「タングステン・フィラメントよりはやさしいだろう。」

「はっはっは。……ところでエジソンさんは、どんな方法《ほうほう》がよいと考《かんが》えられますか。」

「やっぱり、水中聴音機《すいちゅうちょうおんき》だろうな。」

「そうでしょうね。わたしも、そう考《かんが》えます。」

クーリッジは、さっそく実験《じっけん》を始《はじ》めました。いろいろな金属製《きんぞくせい》の水中聴音機《すいちゅうちょうおんき》をつくって、ためしてみました。だが、なかなかうまくいきません。

「お医者《いしゃ》さんの聴診器《ちょうしんき》のようにいかないものかな。」

つぶやきながら、ふと気《き》づいて、金属板《きんぞくばん》の代《か》わりに、いっぽうのはしをとじたゴム管《かん》を、水中《すいちゅう》に入《い》れてみました。すると、金属製《きんぞくせい》のものよりもずっと、水中《すいちゅう》の音《おと》がよく聞《き》こえてくるのです。

「ははあ、これだ。」

と、クーリッジは、すぐこれを応用《おうよう》して、潜水艦探知機《せんすいかんたんちき》をつくり、3キロメートル先《さき》の海中《かいちゅう》を潜航《せんこう》する潜水艦《せんすいかん》を発見《はっけん》することができるようにしたのです。

このあいだにエジソン自身《じしん》は、この戦時研究《せんじけんきゅう》を利用《りよう》して、無線電話《むせんでんわ》の実用化《じつようか》をはかろうと考《かんが》え、ゼネラル・エレクトリックとウェスターン電気会社《でんきがいしゃ》にたのんで、無線電話用《むせんでんわよう》の真空管《しんくうかん》をつくらせていました。それは戦争中《せんそうちゅう》には、まにあいませんでしたが、戦後《せんご》のラジオの発達《はったつ》に、おおいに役立《やくだ》ったのは、言《い》うまでもないことです。

戦争《せんそう》が始《はじ》まったばかりのころは、おそろしい勢《いきお》いだったドイツも、世界《せかい》を相手《あいて》としての戦《たたか》いに、だんだんつかれてきました。そこへアメリカを敵《てき》にまわすことになったのです。そして、ドイツをおそれさせたのは、発明王《はつめいおう》エジソンが、アメリカの科学技《かがくぎ》術《じゅつ》の指導者《しどうしゃ》であったことです。

「エジソンか。エジソンの頭脳《ずのう》は、百個師団《ひゃっこしだん》の援軍《えんぐん》に勝《まさ》るだろう。」

ドイツ皇帝《こうてい》ヴィルヘルムは、こう言《い》ってなげいたといわれます。

1918年《ねん》の11月《がつ》11日《にち》に、ドイツは、ついに降服《こうふく》しました。そうして世界《せかい》には、平《へい》和《わ》の鐘《かね》が鳴《な》りわたりました。そのときエジソンは、71歳《さい》になっていました。

戦争《せんそう》から解放《かいほう》されたエジソンは、いかにもほっとしたように言《い》いました。

「さあ、これからまた、思《おも》うぞんぶん楽《たの》しい研究《けんきゅう》ができるぞ。」

これを聞《き》いて、人《ひと》びとはびっくりしました。もう年《とし》も年《とし》だから、エジソンは老後《ろうご》をのんびりとくらすのだろう、と想像《そうぞう》していたからです。ところが、エジソンは新《あたら》しい発明《はつめい》に、少年《しょうねん》のような情熱《じょうねつ》をわきたたせながら、ふたたびウェスト・オレンジの研究《けんきゅう》所《じょ》で研究《けんきゅう》に打《う》ちこんだのです。

1000件《けん》の特許《とっきょ》

エジソンの発明《はつめい》の主《おも》なものは、だいたいいままでお話《はな》ししてきたわけですが、なにしろエジソンは、1000件《けん》をこえる特許《とっきょ》をもっているのですから、重要《じゅうよう》な発明《はつめい》は、このほかにまだまだ、たくさんあるのです。

そのひとつひとつは、とてものべつくせませんから、ここには、そのおどろくほどたくさんの発明《はつめい》のなかから、とくにおもしろそうなものをさがしだしてみることにしましょう。

電信《でんしん》、電灯《でんとう》、トーキーなどの仕事《しごと》が、いかにも大《おお》きくはなばなしいために、無線電《むせんでん》信《しん》というものがどうかすると、エジソンの業績《ぎょうせき》からわすれられがちですが、この無線《むせん》電信《でんしん》についても、エジソンは、ちゃんと特許《とっきょ》をとっているのです。それは1885年《ねん》のことで、無線電信《むせんでんしん》の発明者《はつめいしゃ》と考《かんが》えられているマルコーニより、10年《ねん》もまえのことなのです。無線電信《むせんでんしん》をほんとうに実用化《じつようか》したのはマルコーニですが、そのもとを考《かんが》えだしたのは、エジソンなのです。

それについて、エジソンは、こう話《はな》しています。

「わたしは、走《はし》っている列車《れっしゃ》から駅《えき》へ、なんとか通信《つうしん》を送《おく》る方法《ほうほう》はないかと考《かんが》えた。列車《れっしゃ》の屋根《やね》においた小《ちい》さな金属《きんぞく》から電波《でんぱ》を出《だ》し、駅《えき》の事務所《じむしょ》にはった電信《でんしん》の針金《はりがね》にとどくようにしたものだ。」

これがエジソンの無線電信《むせんでんしん》ですが、のちになって、エジソンはその権利《けんり》を、マルコーニ無線電信会社《むせんでんしんがいしゃ》にゆずりました。

エジソンが汽車《きしゃ》の屋根《やね》から発射《はっしゃ》させた電波《でんぱ》というのは、小《ちい》さなふたつの金属片《きんぞくへん》の間《あいだ》に、小《ちい》さな電気火花《でんきひばな》をつづけてとばすというやり方《かた》でした。

無線電信《むせんでんしん》といえば、ラジオもそうですが、そのラジオの発達《はったつ》のもとは、真空管《しんくうかん》の発《はつ》明《めい》です。真空管《しんくうかん》のはたらきは、赤《あか》く熱《ねっ》したフィラメントから電子《でんし》がとびだすことなのです。

1883年《ねん》に、エジソンは、電灯《でんとう》の研究《けんきゅう》をしているとき、電球《でんきゅう》の中《なか》で放電《ほうでん》らしいものが起《お》こって、青《あお》い光《ひかり》が流《なが》れることに気《き》がつきました。なぜこんなことが起《お》こるのか、そのときはよくわかりませんでしたが、とにかくこれに「エジソン効果《こうか》」という名《な》をつけて、特許《とっきょ》をとっておきました。

これは、熱《ねっ》せられたフィラメントから電子《でんし》がとびだすためだったのですが、あとになって、イギリスのフレミングとアメリカのド・フォレストが、この現象《げんしょう》を応用《おうよう》して真空管《しんくうかん》を発明《はつめい》しました。それがのちのラジオの発達《はったつ》のもとになったのです。ですから、エジソンの技術《ぎじゅつ》は知《し》らないうちに、ラジオの元祖《がんそ》になっていたわけです。

1895年《ねん》に、レントゲンがエックス線《せん》を発見《はっけん》しました。エジソンはこれに大《おお》きな興味《きょうみ》をもち、さっそく大《おお》じかけな実験《じっけん》を始《はじ》めました。そうしてついに、エックス線《せん》の蛍光板《けいこうばん》を発明《はつめい》したのです。

「それは、真空《しんくう》のガラス器《き》の内側《うちがわ》のかべに、タングステン酸《さん》カルシウムを焼《や》きつけておいて、このガラス器《き》の中《なか》に電極《でんきょく》をおき、エックス線《せん》を発生《はっせい》させる。そうすると、エックス線《せん》がタングステン酸《さん》カルシウムに当《あ》たって蛍光《けいこう》を発《はっ》するわけだ。これがなかなか明《あか》るくてね。6~7燭光《しょっこう》ぐらいの光《ひかり》を出《だ》すのだ。

わたしは、これを電灯《でんとう》に応用《おうよう》しようかと思《おも》ったが、わたしの助手《じょしゅ》のダリー君《くん》が、エックス線《せん》にやられてね。頭《あたま》の毛《け》はぬけるし、ひふにただれができるし……いや、これはたいへんだというわけで、わたしはそれきり、この計画《けいかく》はやめてしまった。」

エジソンみずからこう語《かた》るように、かれは、エックス線《せん》の蛍光板《けいこうばん》を発明《はつめい》し、さらに、いまの蛍光灯《けいこうとう》のもとになる発明《はつめい》をしているのです。ついでに、放射線障害《ほうしゃせんしょうがい》の観察《かんさつ》までしたということにもなりますが、エジソンはこのとき、蛍光板《けいこうばん》に使《つか》う薬品《やくひん》をさがして、8000種類《しゅるい》もの試験《しけん》をしたのでした。

エジソンはときどき、人《ひと》の思《おも》いもよらないようなことを、すましてやってのけました。

ある年《とし》の冬《ふゆ》、大雪《おおゆき》でニューヨークの交通《こうつう》は止《と》まってしまいました。

これを見《み》るとエジソンは、すぐ助手《じょしゅ》のバチェラーに言《い》いつけて、蒸気機関《じょうききかん》と圧搾機《あっさくき》械《かい》のついた大《おお》きなトラックを、雪《ゆき》の積《つ》もった通《とお》りに走《はし》らせました。トラックの前《まえ》の雪《ゆき》はすくいあげられて、圧搾機械《あっさくきかい》の中《なか》に入《はい》ります。そうしておしかためられて、小《ちい》さな氷《こおり》のかたまりになって放《ほう》りだされるのです。あとの除雪作業《じょせつさぎょう》はかんたんです。

いったいなにが始《はじ》まったのだろうと、あっけにとられてながめていた町《まち》の人《ひと》びとは、

「なるほど、さすがはエジソンさんだ。」

と、すっかり感心《かんしん》してしまいました。

エジソンが生《う》まれる5年《ねん》まえの1842年《ねん》に、ドイツのマイヤーという人《ひと》が、「エネルギー保存《ほぞん》の法則《ほうそく》」を発表《はっぴょう》しました。

熱《ねつ》とか電気《でんき》とか、機械《きかい》の運動《うんどう》などというエネルギーは、おたがいにかわりあったりはしますが、けっして、消《き》えたり、新《あたら》しくできたりするものではないというのです。

エジソンは、この法則《ほうそく》にたいへん興味《きょうみ》をもちました。そうして、これをもとにして計算《けいさん》すると、蒸気機関《じょうききかん》などというものは、大部分《だいぶぶん》の熱《ねつ》はむだになってしまって、ほん

の一部分《いちぶぶん》だけが、機械《きかい》の運動《うんどう》にかわるだけなのだ、ということを知《し》りました。

「こんなむだなことはない。いっそ、蒸気機関《じょうききかん》などは使《つか》わずに、石炭《せきたん》のもえる熱《ねつ》をすぐ電気《でんき》にかえる方法《ほうほう》はないものか。」

と、エジソンは考《かんが》えました。そうしてついに、熱磁力《ねつじりょく》モーター発電機《はつでんき》というようなものをつくったのですが、それは、鉄《てつ》が赤《あか》く熱《ねっ》せられると磁石《じしゃく》になる性質《せいしつ》をうしなう、という現象《げんしょう》を利用《りよう》したものだったのです。

それによると、熱《ねつ》をくわえると直接《ちょくせつ》モーターが回《まわ》りだして、それで発電機《はつでんき》が回転《かいてん》して、電気《でんき》が発生《はっせい》するというわけです。この熱発電機《ねつはつでんき》は、事情《じじょう》があって、実用化《じつようか》されませんでしたが、これひとつからも、エジソンの頭《あたま》の働《はたら》き方《かた》がよくわかるでしょう。

エジソンは、電灯《でんとう》、電車《でんしゃ》、発電機《はつでんき》などという大物《おおもの》のほかに、ひじょうにたくさんの機械類《きかいるい》を発明《はつめい》しています。電流計《でんりゅうけい》、電圧計《でんあつけい》、電力計《でんりょくけい》、気圧計《きあつけい》、湿度計《しつどけい》などといったものので、これらはどれも、感度《かんど》がよく、値段《ねだん》が安《やす》いという特長《とくちょう》をもっていたので、広《ひろ》く実用化《じつようか》されました。こういった計器類《けいきるい》の発明《はつめい》が、のちの科学《かがく》の研究《けんきゅう》に、どれほど大《おお》きな便利《べんり》をあたえたか、はかりしれないものがあります。

そのほかにも、真空《しんくう》の中《なか》でくだものを保存《ほぞん》する方法《ほうほう》だとか、板《いた》ガラスの製造法《せいぞうほう》だとか、ニッケル、金《きん》、銅《どう》などの製錬法《せいれんほう》だとか、あらゆる方面《ほうめん》にわたっての数々《かずかず》の発明《はつめい》がかぎりなくあるのですが、最後《さいご》にエジソンのゴムの研究《けんきゅう》をお話《はな》ししておきましょう。

第一次世界大戦《だいいちじせかいたいせん》が終《お》わって、ふたたび研究所《けんきゅうじょ》にもどってきたエジソンが、まず最初《さいしょ》に手《て》をつけたのが、このゴムの研究《けんきゅう》だったのです。

エジソンは、自動車王《じどうしゃおう》のヘンリー・フォードとなかよしでした。ある日《ひ》エジソンが、フォードの工場《こうじょう》を見《み》にいったとき、フォードは、こんなことを話《はな》しました。

「自動車《じどうしゃ》がこれからどんどんふえても、ほかの材料《ざいりょう》はみんなアメリカですぐまにあうのだが、ただ、ゴムだけがこまる。タイヤに使《つか》うゴムが、いちばん心配《しんぱい》でね。」

エジソンはその話《はなし》を聞《き》いて、ゴムの木《き》以外《いがい》の木《き》や草《くさ》からも、ゴムがとれないものかと考《かんが》えました。

そこでエジソンは、北《きた》アメリカはもちろんのこと、中米《ちゅうべい》、南米《なんべい》のいろいろな場所《ばしょ》から、ゴムがとれそうだと思《おも》われる植物《しょくぶつ》を集《あつ》め、それを、かたっぱしから、調《しら》べていったのです。

エジソンは、もう80歳《さい》に近《ちか》い老人《ろうじん》とも思《おも》えない元気《げんき》さで、この研究《けんきゅう》を毎日毎日《まいにちまいにち》、もくもくとくりかえしていくのです。研究所《けんきゅうじょ》の所員《しょいん》たちは、はたしてゴムがとれるかとれないかよりも、この老発明王《ろうはつめいおう》の真剣《しんけん》な態度《たいど》に、心《こころ》を打《う》たれてしまいました。

こうしてエジソンは、1万《まん》3000種《しゅ》もの木《き》や草《くさ》について実験《じっけん》を行《おこな》いました。ゴムがとれそうなのは6000種《しゅ》で、実際《じっさい》にゴム工業《こうぎょう》に役立《やくだ》ちそうなのは、ゴールデンロッドという種類《しゅるい》だけでした。

それでもエジソンはよろこびました。苦心《くしん》の研究《けんきゅう》が実《み》をむすんだわけです。そこで、

「ゴムの採集《さいしゅう》の研究《けんきゅう》は成功《せいこう》に近《ちか》づいた。ゴールデンロッドから、将来《しょうらい》ゴムがとれるようになるだろう。これをもとにして、ゴム資源《しげん》の問題《もんだい》は解決《かいけつ》されると思《おも》われる。」

と発表《はっぴょう》しました。

もっとも、世界《せかい》のゴム問題《もんだい》は、その後《ご》、合成《ごうせい》ゴムという化学製法《かがくせいほう》が発明《はつめい》されて解決《かいけつ》しましたが、それとはべつに、老《ろう》エジソンの情熱《じょうねつ》と努力《どりょく》を、わすれることはできないのです。

発明王《はつめいおう》の晩年《ばんねん》

エジソンには、いつごろから晩年《ばんねん》という言葉《ことば》を使《つか》ってよいのか、こまってしまいます。70歳《さい》に近《ちか》づいても、エジソンの健康《けんこう》は、なお青年《せいねん》をしのぐものでありました。このころのエジソンはまだ、青年《せいねん》の元気《げんき》さで、発明《はつめい》のために超人的努力《ちょうじんてきどりょく》をかたむけていたのです。だから、エジソンの晩年《ばんねん》とは、おそらく70歳以後《さいいご》、つまり第一次世界大戦《だいいちじせかいたいせん》の終《お》わったころからのちと考《かんが》えたほうがよさそうです。

84歳《さい》まで生《い》きる人《ひと》は、世《よ》の中《なか》にたくさんいます。だが、エジソンのように、80歳《さい》をこえてもなお、毎日《まいにち》16時間《じかん》の仕事《しごと》をする人《ひと》は、ほとんどいないと思《おも》われます。

それまでに、ほとんど病気《びょうき》らしい病気《びょうき》はしたことがありませんでしたが、これは、102歳《さい》まで生《い》きたひいおじいさんの体質《たいしつ》を受《う》けついだのかもしれません。髪《かみ》の毛《け》は白《しろ》くなっていましたが、なお濃《こ》くて豊富《ほうふ》でした。視力《しりょく》もすこしもおとろえず、青《あお》い目《め》が、いつもするどくらんらんとかがやいていました。体重《たいじゅう》も80キログラムをこえて、健康《けんこう》そのものでした。

食《た》べたいときに食《た》べ、ねむりたいときにねむる。そうして、つかれさえしなければどこまでも仕事《しごと》をつづける。ただそれだけが、エジソンの健康法《けんこうほう》だったのです。時間《じかん》にしばられたり、食事《しょくじ》に細《こま》かく気《き》をつかったり、あるいは、とくに酒《さけ》やたばこをやめるなどということは、無用《むよう》のことだとしていました。しかし、お酒《さけ》はあまり飲《の》みませんでしたし、大食《たいしょく》もしませんでした。食《た》べもののえりごのみもしませんでした。すきなものはくだものだけ。それにコーヒーと上等《じょうとう》の葉巻《はまき》は、毎日《まいにち》欠《か》かすことがありませんでした。

エジソンの体《からだ》を見《み》ると、だれもが、スポーツできたえた人《ひと》ではないかと思《おも》います。

体格《たいかく》が堂々《どうどう》としていて血色《けっしょく》もよく、歩《ある》くようすも、じつに活発《かっぱつ》だったからです。だが、エジソンは一日《にち》の大部分《だいぶぶん》を実験室《じっけんしつ》か書斎《しょさい》ですごし、運動《うんどう》というものは、ほとんどしたことがなかったのです。

だいたい、スポーツとか娯楽《ごらく》とかということは、エジソンにとって、あまり縁《えん》がなかったようですが、ときどき、玉《たま》つきぐらいは楽《たの》しんだようです。また、自動車《じどうしゃ》が使《つか》えるようになってからは、自動車《じどうしゃ》を運転《うんてん》して1~2時間《じかん》のドライブを楽《たの》しむぐらいのことはやりました。

自動車《じどうしゃ》といえば、晩年《ばんねん》のエジソンは、フォードとはたいへんなかよくしていました。ふたりは、性格的《せいかくてき》にもたいへんよく似《に》たところがあったのです。

たとえば新聞記者《しんぶんきしゃ》などに、健康法《けんこうほう》とか長寿法《ちょうじゅほう》とかをたずねられると、エジソンは、

「心配《しんぱい》をしないことと、仕事《しごと》に熱中《ねっちゅう》すること。」

と答《こた》え、フォードはフォードで、

「わらって、はたらくことだ。」

と答《こた》えたのです。

わかいころのエジソンは、仕事《しごと》がいそがしいと、何日《なんにち》も研究所《けんきゅうじょ》にとまりこんで研究《けんきゅう》をつづけることが多《おお》かったのですが、年《とし》をとると、さすがにこんなむりはしなくなりました。そうして夜《よる》は、自宅《じたく》のグレンモントへ帰《かえ》って、くつろぐことが多《おお》くなりました。

そのグレンモントでエジソンがいつもくつろぐ居間兼応接室《いまけんおうせつしつ》には、大《おお》きなかざりだながあって、その中《なか》には、エジソンにおくられた勲章《くんしょう》、メダル、記念品《きねんひん》などが、たくさんならべてありました。それは、エジソンの生涯《しょうがい》のかがやかしい記録《きろく》をながめるようなものでした。そのなかには、エジソンがアメリカ電気学会《でんきがっかい》からおくられた、とくに大《おお》きな金《きん》メダルも、さんぜんと光《ひか》っていました。

部屋《へや》をながめると、そのひとすみには、昔《むかし》ロシアの皇帝《こうてい》からおくられた大理石像《だいりせきぞう》が3つ立《た》っており、机《つくえ》の上《うえ》には、ごうかな七宝焼《しっぽうや》きの葉巻入《はまきい》れ（中《なか》には、エジソンのすきな、かおり高《たか》い葉巻《はまき》がおさめられています。）がおかれ、そのそばには、日本《にっぽん》の工《こう》学会《がっかい》からおくられた、みごとなブロンズの花《はな》びらと、ドイツの鉄鋼王《てっこうおう》クルップからおくられた鋼鉄製《こうてつせい》のデスクセットが重《おも》そうにならんでいます。

この部屋《へや》のまんなかの大《おお》きな安楽《あんらく》いすに、深《ふか》く腰《こし》をおろして、葉巻《はまき》をくゆらしながら、夜《よる》のひとときを、発明《はつめい》や研究《けんきゅう》のことについて、われをわすれて考《かんが》えこむときが、エジソンにとっては、なによりも楽《たの》しい時間《じかん》なのでした。ですから、それは、つい、夜中《よなか》の1時《じ》2時《とき》にまでおよぶことが、しばしばでした。

そんなエジソンでしたが、来客《らいきゃく》があると、よろこんでむかえました。客《きゃく》をむかえるのは、やはりこの部屋《へや》ですが、エジソンは自分《じぶん》から話《はな》すよりも、客《きゃく》の話《はなし》を聞《き》くことのほうがすきでした。いわゆる、聞《き》きじょうずというのでしょう。客《きゃく》のもちだす発明《はつめい》の話《はなし》、研究《けんきゅう》の話《はなし》、世間《せけん》の話《はなし》、ゆかいな話《はなし》などを、「うんうん。」とうなずきながら、あきずに聞《き》きいりました。耳《みみ》が遠《とお》かったので、そんなときには話《はな》し手《て》のほうに体《からだ》をかたむけ、耳《みみ》に手《て》を当《あ》てて、一生懸命《いっしょうけんめい》に聞《き》きいりました。相手《あいて》もつい、つられて、おそくまで語《かた》り、夜《よ》がふけるのをわすれてしまうのでした。

エジソンの家《いえ》でも、ときどき、にぎやかなパーティーが開《ひら》かれることがありました。エジソン夫人《ふじん》はなかなか社交的《しゃこうてき》で、慈善団体《じぜんだんたい》などにも、いろいろと関係《かんけい》をしていましたので、こんなパーティーをもよおすことが多《おお》かったのですが、エジソンもその会場《かいじょう》である玉《たま》つき部屋《べや》へ出《で》ていって、集《あつ》まったわかい人《ひと》たちとの、にぎやかなひとときを楽《たの》しみました。

エジソンは、たくさんのすばらしい仕事《しごと》をした人《ひと》ですが、その業績《ぎょうせき》を、すこしも人《ひと》にほこったことがありません。むしろ、なかなかのはずかしがりやで、公開《こうかい》の席上《せきじょう》で演説《えんぜつ》することなどさえ、たいへんいやがりました。

1926年《ねん》、アメリカ電灯協会《でんとうきょうかい》の大会《たいかい》に、エジソンは代表者《だいひょうしゃ》として、どうしても演《えん》説《ぜつ》をしなければならないことになりました。たいへんこまりましたが、しかたなく、エジソンは演壇《えんだん》に上《あ》がりました。ところが、その演説《えんぜつ》は、ただ一言《ひとこと》、

「みなさん、よくおいでくださいました。」

とのべただけで、さっさと壇《だん》をおりてしまいました。これには、大会《たいかい》の役員《やくいん》たちは大《おお》

いにあわてましたが、会場《かいじょう》の人《ひと》びとは、そのいかにもエジソンらしいやり方《かた》に感動《かんどう》し、われるような拍手《はくしゅ》が、鳴《な》りやみませんでした。

それより先《さき》の1889年《ねん》、パリで開《ひら》かれた万国博覧会《ばんこくはくらんかい》にも、エジソンは、夫人《ふじん》と長《ちょう》女《じょ》をつれて出《で》かけたことがありました。この博覧会《はくらんかい》では、エジソンの発明《はつめい》した電灯《でんとう》、蓄音機《ちくおんき》、電車《でんしゃ》などの陳列《ちんれつ》が、会場《かいじょう》の大部分《だいぶぶん》を占領《せんりょう》してしまって、まるでエジソン博覧《はくらん》会《かい》のような感《かん》じでした。そこへ、本人《ほんにん》のエジソンが出《で》かけていったのですから、たいへんです。昼《ひる》も夜《よる》も、ほうぼうから、いろいろな招待《しょうたい》を受《う》けました。エジソンは、よろこんでそれに応《おう》じましたが、ただ、演説《えんぜつ》だけはおそろしがって、いつもかたくことわっていました。帰《かえ》ってきたときに、

「演説《えんぜつ》をしないですんだのは、なによりありがたかった。ほんとうに助《たす》かった。」

と、研究所《けんきゅうじょ》の人《ひと》にもらしたそうですが、そんなにも演説《えんぜつ》ぎらいだったのです。

このときのエジソンに対《たい》する歓迎《かんげい》ぶりは、ほんとうにたいへんなものでした。あのエッフェル塔《とう》をたてたエッフェルが、エジソン夫妻《ふさい》をエッフェル塔《とう》に招待《しょうたい》しました。

塔《とう》の上《うえ》にのぼると、有名《ゆうめい》な作曲家《さっきょくか》のグノーがいて、エジソン夫妻《ふさい》のために、歌《うた》をうたってくれました。エジソンはまた、世界的《せかいてき》な科学者《かがくしゃ》パスツールにも招待《しょうたい》され、その研究室《けんきゅうしつ》を見《み》せてもらいました。

フランスの大統領《だいとうりょう》は、エジソンをパリのオペラ座《ざ》に招待《しょうたい》しました。そして、300人《にん》ものダンサーを集《あつ》めた、はなやかなバレエを見《み》せてくれました。このとき、エジソンがオペラ座《ざ》に入《はい》って、とくにエジソンのためにもうけられた、舞台正面《ぶたいしょうめん》の席《せき》につくと、オーケストラがアメリカの国歌《こっか》を演奏《えんそう》し、全員《ぜんいん》が起立《きりつ》して敬礼《けいれい》を送《おく》りました。これには、エジソンはひやあせを流《なが》して、はずかしがりました。

だいたい、エジソンは、あまり人《ひと》からさわがれたりするのが、きらいなたちでした。各国《かっこく》からたくさんの勲章《くんしょう》などをもらいましたが、そういうものを胸《むね》にさげて歩《ある》くのを、このみませんでした。

フランス政府《せいふ》から、レジオン・ド・ヌールという最高《さいこう》の勲章《くんしょう》がおくられましたが、それも、やむをえない公式《こうしき》の席《せき》に出《で》るときだけ胸《むね》につけ、それがすむと、すぐ外《はず》してしまいました。その略章《りゃくしょう》をえりにつけるときでも、なるべく裏返《うらがえ》しにしていたそうです。

80歳《さい》をこえると、さすがにエジソンの体《からだ》は、だいぶつかれるようになってきました。だが、気持《きも》ちだけはおとろえを見《み》せません。1927年《ねん》2月《がつ》11日《にち》、この日《ひ》はエジソンの80歳《さい》の誕生記念日《たんじょうきねんび》でしたが、この席《せき》で、飛行機《ひこうき》の発明者《はつめいしゃ》ライトが、エジソンに言《い》いました。

「お年《とし》もお年《とし》ですから、これからはすこしゆっくりなさったらいかがですか。」

するとエジソンは、にっこりわらって、

「ありがとう、ライト君《くん》。だがね、わたしにはまだ、頭《あたま》の中《なか》にのこっていることがたくさんあるのです。あと15年《ねん》は、はたらかなければなりませんので、隠居《いんきょ》は、100歳《さい》になってからにしようと思《おも》っているのですよ。」

と答《こた》えました。

それから2年後《ねんご》の1929年《ねん》の10月《がつ》に、アメリカのフーバー大統領《だいとうりょう》は、エジソンの白熱電灯発明《はくねつでんとうはつめい》50周年記念祝賀会《しゅうねんきねんしゅくがかい》をもよおしました。この祝典《しゅくてん》は、アメリカというよりも、世界中《せかいじゅう》の祝典《しゅくてん》と言《い》うにふさわしいもので、世界中《せかいじゅう》の国々《くにぐに》から祝辞《しゅくじ》がよせられました。日本《にっぽん》からも、もちろん祝賀《しゅくが》の言葉《ことば》がおくられました。

祝典《しゅくてん》の中心《ちゅうしん》ディアボーンは、街《まち》のすみずみまで、電灯《でんとう》に美《うつく》しくかざられて、夜《よる》は昼《ひる》よりも明《あか》るく、その光《ひかり》の海《うみ》は遠《とお》い町々《まちまち》からも、あかあかとのぞまれました。

式場《しきじょう》では、大統領《だいとうりょう》をはじめ、各国《かっこく》の代表《だいひょう》、参会《さんかい》の名士《めいし》たちの祝賀演説《しゅくがえんぜつ》がつづき、やがてエジソンが、壇上《だんじょう》に立《た》ちました。満場《まんじょう》われんばかりの拍手《はくしゅ》です。エジソンは、例《れい》によってただ一言《ひとこと》、

「わたしは、ほんとうにうれしいのです。」

ぽつりと言《い》っただけでしたが、それにまた、盛大《せいだい》な拍手《はくしゅ》がわきおこりました。

さすが演説《えんぜつ》ぎらいのエジソンも、これにはひどく感激《かんげき》したらしく、なにかもう一言《ひとこと》のべて、それにこたえようとしたとき、あまりの興奮《こうふん》につかれたのでしょうか、急《きゅう》にぐったりと、たおれるように腰《こし》をおろしてしまいました。人《ひと》びとは、びっくりしまし

た。すぐ医師《いし》が、かけつけてきました。

このとき以来《いらい》、エジソンの健康《けんこう》は、急《きゅう》におとろえはじめました。そして、その冬《ふゆ》は、肺炎《はいえん》にかかり、重体《じゅうたい》におちいりましたが、幸《さいわ》いにもこれは回復《かいふく》しました。

病気《びょうき》がなおると、すぐ研究《けんきゅう》です。

「まだ実験《じっけん》しなければならないことがのこっているから。」

と言《い》って、ゴムの栽培《さいばい》試験《しけん》をしているフロリダの研究所《けんきゅうじょ》へ出《で》かけていきました。

1931年《ねん》の7月《がつ》のことです。フロリダから、自宅《じたく》のグレンモントへ帰《かえ》ってきたエジソンは、ひどく弱《よわ》っていて、8月1日《がつついたち》には、危篤《きとく》さえつたえられたほどでしたが、幸《さいわ》い奇跡的《きせきてき》に回復《かいふく》して、ドライブができるくらいになりました。

だが、エジソンは、このときすでに死期《しき》が近《ちか》づいたことを感《かん》じていたようです。研《けん》究所《きゅうじょ》の人《ひと》びとを集《あつ》めては、自分《じぶん》の頭《あたま》にある発明《はつめい》の考《かんが》えをつたえたり、これからの研究《けんきゅう》すべき方向《ほうこう》を教《おし》えたりしていました。

はたして、一時《いちじ》よさそうに見《み》えたエジソンの体《からだ》は、やはり、目《め》に見《み》えておとろえていきました。そして、ついに、元《もと》の健康《けんこう》は、とりもどせませんでした。

「わたしは、人類《じんるい》の幸福《こうふく》のために最善《さいぜん》をつくしてきたと信《しん》じている。わたしにはもう、思《おも》いのこすことはない。」

これが、エジソンの最後《さいご》の言葉《ことば》でした。こうして、発明王《はつめいおう》エジソンは、ついにこの世《よ》を去《さ》ったのです。

1931年《ねん》10月《がつ》18日《にち》、午前《ごぜん》3時《じ》28分《ぷん》でした。

思《おも》えば84年《ねん》8か月《げつ》のあいだ、普通《ふつう》の人《ひと》の何百人分《なんびゃくにんぶん》にも勝《まさ》る仕事《しごと》をして、人類《じんるい》にかぎりない恩恵《おんけい》をあたえた偉人《いじん》エジソンは、そのかがやかしい生涯《しょうがい》の幕《まく》をとじたのでした。

「発明王《はつめいおう》エジソン死去《しきょ》」の知《し》らせは、ただちに電波《でんぱ》に乗《の》って、全世界《ぜんせかい》にとびました。世界《せかい》はすみずみまで、かぎりない悲《かな》しみのふちにしずみました。

あくる朝《あさ》、エジソンの遺体《いたい》は、ウェスト・オレンジの研究所《けんきゅうじょ》にうつされ、ここに安置《あんち》されました。そうして2日間《ふつかかん》にわたり、ニュージャージー州《しゅう》はもちろん、アメリカ各地《かくち》から集《あつ》まってきた人《ひと》びとは長《なが》い列《れつ》をつくって、恩人《おんじん》エジソンとの別《わか》れをおしんだのです。

葬儀《そうぎ》が行《おこな》われた10月《がつ》21日《にち》の夜《よる》、フーバー大統領《だいとうりょう》が、なみだとともに弔辞《ちょうじ》を読《よ》み、こうむすびました。

「世界《せかい》の人類《じんるい》は、いま、ここにねむる偉人《いじん》の遺産《いさん》を受《う》け、長《なが》くこのめぐみに浴《よく》することでありましょう。」

このとき、午後《ごご》10時《じ》――アメリカ全国《ぜんこく》では、いっせいに消灯《しょうとう》して1分間《ぷんかん》のもくとうをささげました。


（終《お》わり）

本書《ほんしょ》は講談社火《こうだんしゃひ》の鳥伝記文庫《とりでんきぶんこ》『エジソン』（1981年《ねん》11月《がつ》19日初版《にちしょはん》）を底本《ていほん》に、新《あたら》しい資料《しりょう》に基《もと》づいて内容《ないよう》の改訂《かいてい》を行《おこな》い、一部《いちぶ》の文字《もじ》づかい、表現《ひょうげん》などを読《よ》みやすくあらためたものです。

エジソンの年表《ねんぴょう》

年代《ねんだい》	年齢《ねんれい》	できごと	世《よ》の中《なか》の動《うご》き
1847（弘化《こうか》4）	0歳《さい》	2月《がつ》11日《にち》、アメリカのオハイオ州《しゅう》ミランで生《う》まれる。	
1854（安政《あんせい》1）	7歳《さい》	一家《いっか》で、ヒューロン湖《こ》のそばのポートヒューロンへうつる。	ペリーが浦賀《うらが》へきて、日《にっ》本《ぽん》と条約《じょうやく》をむすぶ。
1859（安政《あんせい》6）	12歳《さい》	鉄道《てつどう》の車内《しゃない》売《う》り子《こ》になる。	
1861（文久《ぶんきゅう》1）			南北戦争《なんぼくせんそう》が起《お》こる。
1862（文久《ぶんきゅう》2）	15歳《さい》	列車内新聞《れっしゃないしんぶん》『週刊《しゅうかん》ヘラルド』を発行《はっこう》する。電信技術《でんしんぎじゅつ》を習《なら》い、ポートヒューロンで電信事務所《でんしんじむしょ》を開《ひら》く。	
1863（文久《ぶんきゅう》3）	16歳《さい》	カナダで駅《えき》の電信手《でんしんしゅ》になるが、間《ま》もなく失業《しつぎょう》。アメリカ各地《かくち》の旅《たび》に出《で》る。	
1867（慶応《けいおう》3）			ノーベル、ダイナマイトを発明《はつめい》。

1868（明治《めいじ》1）	21歳《さい》	ボストンで電信手《でんしんしゅ》になり、「アメリカ一《いち》の電《でん》信《しん》スピード王《おう》」といわれる。最初《さいしょ》の発明《はつめい》、投《とう》票《ひょう》記録《きろく》機《き》の特許《とっきょ》を申請《しんせい》する。	明治維新《めいじいしん》。
1869（明治《めいじ》2）	22歳《さい》	ポープと共同《きょうどう》して「ポープ・エジソン商会《しょうかい》」を始《はじ》める。株式相場表示機《かぶしきそうばひょうじき》を発明《はつめい》する。	アメリカ大陸横断鉄道《たいりくおうだんてつどう》が完成《かんせい》する。
1871（明治《めいじ》4）	24歳《さい》	実用《じつよう》タイプライター・印字電信機《いんじでんしんき》を発明《はつめい》する。母《はは》のナンシーが亡《な》くなる。	マドックス、写真乾板《しゃしんかんぱん》を発明《はつめい》。
1874（明治《めいじ》7）	27歳《さい》	四重電信機《よんじゅうでんしんき》を発明《はつめい》する。	
1876（明治《めいじ》9）	29歳《さい》	メンロパークに研究所《けんきゅうじょ》をたてる。	ベルが電話機《でんわき》を発明《はつめい》。
1877（明治《めいじ》10）	30歳《さい》	電話《でんわ》の炭素送話器《たんそそうわき》を発明《はつめい》する。蓄音機《ちくおんき》を発明《はつめい》する。	
1878（明治《めいじ》11）	31歳《さい》	白熱電灯《はくねつでんとう》の研究《けんきゅう》を始《はじ》める。	
1879（明治《めいじ》12）	32歳《さい》	10月《がつ》21日《にち》、炭素電球《たんそでんきゅう》を発明《はつめい》する。	ジーメンスが電車《でんしゃ》を走《はし》らせる実験《じっけん》に成功《せいこう》。
1880（明治《めいじ》13）	33歳《さい》	電灯《でんとう》の付属品《ふぞくひん》をつぎつぎに発明《はつめい》する。電車《でんしゃ》の研究《けんきゅう》を始《はじ》める。飛行機《ひこうき》の実験《じっけん》に失敗《しっぱい》。鉱石《こうせき》の磁力選鉱法《じりょくせんこうほう》を発明《はつめい》する。	

1882（明治《めいじ》15）	35歳《さい》	「エジソン電灯株式会社《でんとうかぶしきがいしゃ》」をつくる。この年《とし》だけで75の特許《とっきょ》をとる。	
1883（明治《めいじ》16）	36歳《さい》	エジソン効果《こうか》の発見《はっけん》。	
1884（明治《めいじ》17）			イーストマンが写真《しゃしん》フィルムを発明《はつめい》。
1885（明治《めいじ》18）	38歳《さい》	無線電信《むせんでんしん》の特許《とっきょ》をとる。	ベンツがガソリン自動車《じどうしゃ》を発明《はつめい》。
1887（明治《めいじ》20）	40歳《さい》	ウェスト・オレンジ研究所《けんきゅうじょ》をつくる。	
1889（明治《めいじ》22）	42歳《さい》	パリ万国博覧会《ばんこくはくらんかい》へ行《い》く。	
1890（明治《めいじ》23）	43歳《さい》	鉄鋼山《てっこうさん》を経営《けいえい》する。	
1891（明治《めいじ》24）	44歳《さい》	「キネトスコープ」という活動写真《かつどうしゃしん》を発明《はつめい》する。	
1893（明治《めいじ》26）	46歳《さい》	ウェスト・オレンジ研究所《けんきゅうじょ》に、世界最初《せかいさいしょ》の映画《えいが》スタジオをつくる。	リリエンタール、グライダー飛行《ひこう》に成功《せいこう》。
1896（明治《めいじ》29）	49歳《さい》	「バイタスコープ」という名《な》で映写機《えいしゃき》が売《う》りだされ、映画時代《えいがじだい》が始《はじ》まる。	マルコーニが無線電信《むせんでんしん》を発明《はつめい》。
1899（明治《めいじ》32）	52歳《さい》	鉱山《こうざん》の経営《けいえい》に失敗《しっぱい》し、セメント事業《じぎょう》を始《はじ》める。	

1903（明治《めいじ》36）			ライト兄弟《きょうだい》が、動力飛行《どうりょくひこう》機《き》の初飛行《はつひこう》に成功《せいこう》。
1904（明治《めいじ》37）			フレミングが真空管《しんくうかん》を発明《はつめい》。
1908（明治《めいじ》41）			クーリッジがタングステン電球《でんきゅう》を発明《はつめい》。
1909（明治《めいじ》42）	62歳《さい》	エジソン式《しき》蓄電池《ちくでんち》（アルカリ蓄電池《ちくでんち》）の発明《はつめい》に成功《せいこう》する。	
1912（大正《たいしょう》1）	65歳《さい》	活動写真《かつどうしゃしん》と蓄音機《ちくおんき》を組《く》みあわせた「キネトフォン」を発明《はつめい》する。	
1915（大正《たいしょう》4）	68歳《さい》	アメリカ海軍顧問委員会議長《かいぐんこもんいいんかいぎちょう》になる。	
1929（昭和《しょうわ》4）	82歳《さい》	ゴールデンロッドという植物《しょくぶつ》からゴムをとることに成功《せいこう》する。白熱電灯発明《はくねつでんとうはつめい》50周年記念祝《しゅうねんきねんしゅく》賀会《がかい》が開《ひら》かれるが、その席上《せきじょう》でたおれる。	
1931（昭和《しょうわ》6）	84歳《さい》	10月《がつ》18日《にち》、自宅《じたく》のグレンモントで亡《な》くなる。	

エジソンをめぐる歴《れき》史《し》人《じん》物《ぶつ》伝《でん》

エジソンの会社《かいしゃ》で研究《けんきゅう》した科学者《かがくしゃ》

クーリッジ

1873－1975年《ねん》

アメリカの物理科学者《ぶつりかがくしゃ》。1908年《ねん》に、タングステンというかたくてもろい金属《きんぞく》をとかして細《ほそ》い線《せん》にする技術《ぎじゅつ》を開発《かいはつ》した。これをエジソンの発明《はつめい》した電球《でんきゅう》のフィラメントに使《つか》い、より明《あか》るい電球《でんきゅう》を完成《かんせい》させた。

1913年《ねん》には、エックス線《せん》を発生《はっせい》させるクーリッジ管《かん》も発明《はつめい》している。

無線通信《むせんつうしん》を実用化《じつようか》させた

マルコーニ

1874－1937年《ねん》

イタリアの電気技術者《でんきぎじゅつしゃ》。小《ちい》さいころから電波《でんぱ》に興味《きょうみ》をもち、電線《でんせん》がなくても遠《とお》くの人《ひと》と話《はなし》ができる無線通信《むせんつうしん》の研究《けんきゅう》をつづけた。1897年《ねん》、イギリスに世界初《せかいはつ》の無線《むせん》電信会社《でんしんがいしゃ》を設立《せつりつ》。20歳《はたち》のときにひらめいたアイディアをもとに、1901年《ねん》、大西洋《たいせいよう》をへだてて電波《でんぱ》をとばす実験《じっけん》に成功《せいこう》した。

エジソンの親友《しんゆう》の
自動車王《じどうしゃおう》

フォード

1863-1947年《ねん》

アメリカのミシガン州《しゅう》で生《う》まれたフォードは、子《こ》どものころから機械《きかい》いじりがすきだった。16歳《さい》で機械工《きかいこう》になり、28歳《さい》のときにエジソンの会社《かいしゃ》に入社《にゅうしゃ》する。

2年後《ねんご》には技師長《ぎしちょう》になったが、ほんとうは、ガソリンエンジンで走《はし》る自動車《じどうしゃ》の開発《かいはつ》がしたかった。会社《かいしゃ》から帰《かえ》ると、自宅《じたく》の作《さ》業場《ぎょうば》にこもり、1896年《ねん》に試作車《しさくしゃ》を完《かん》成《せい》。その年《とし》、会社《かいしゃ》のパーティー会場《かいじょう》ではじめて社長《しゃちょう》のエジソンに会《あ》い、ガソリン自動《じどう》車《しゃ》について話《はなし》をする。当時《とうじ》、ガソリン自動《じどう》車《しゃ》は、ドイツのダイムラーとベンツによって開発《かいはつ》されたばかりで、歴史《れきし》の古《ふる》い蒸気《じょうき》自《じ》動車《どうしゃ》や電気自動車《でんきじどうしゃ》もあった。しかし、エジソンも、欠点《けってん》が少《すく》なくもっとも将来性《しょうらいせい》があるのはガソリン自動車《じどうしゃ》だと考《かんが》えていた。

エジソンにはげまされたフォードは、自《じ》信《しん》をもち、その3年後《ねんご》に会社《かいしゃ》をやめ、本格《ほんかく》的《てき》にガソリン自動車《じどうしゃ》づくりを始《はじ》める。

フォードは、お金持《かねも》ちでなくても買《か》える大衆車《たいしゅうしゃ》をつくりたかった。そして、1908年《ねん》に出《だ》したT型《ティーがた》フォードで、それが実現《じつげん》する。この車《くるま》は世界中《せかいじゅう》で1500万台以上《まんだいいじょう》も売《う》れ、自動車《じどうしゃ》の歴史《れきし》を大《おお》きくかえた。

歴《れき》史《し》をかえた科《か》学《がく》者《しゃ》たち

蒸気機関《じょうききかん》を改良《かいりょう》し
時代《じだい》を動《うご》かした

ワット

1736–1819年《ねん》

水《みず》が100度《ど》以上《いじょう》に熱《ねっ》されて水蒸気《すいじょうき》になると、体積《たいせき》は約《やく》1700倍《ばい》にふくらむ。その力《ちから》を利用《りよう》する蒸気機関《じょうききかん》は、いまから300年《ねん》ほどまえにイギリスで発明《はつめい》された。

蒸気《じょうき》の力《ちから》は最初《さいしょ》、石炭《せきたん》をほりだす炭鉱《たんこう》で、水《みず》をくみあげるのに使《つか》うくらいしか利用法《りようほう》はなかった。それを改良《かいりょう》して、さまざまな機械《きかい》の動力《どうりょく》として使《つか》えるようにしたのが、イギリス人《じん》のワットだ。

かれは、筒《つつ》の中《なか》でピストンが上下《じょうげ》に動《うご》く力《ちから》を、回転《かいてん》する力《ちから》にかえるくふうをした。それによって、工場《こうじょう》の大《おお》きな機械《きかい》を動《うご》かしたり、機関車《きかんしゃ》や船《ふね》などの乗《の》り物《もの》を走《はし》らせたりすることができるようになった。

蒸気機関《じょうききかん》の改良《かいりょう》をきっかけに、イギリスを中心《ちゅうしん》に産業革命《さんぎょうかくめい》が起《お》こり、ヨーロッパの各国《かっこく》、アメリカ、日本《にっぽん》、ロシアなどに、じょじょに広《ひろ》がっていった。このような、世《よ》の中《なか》が工業中心《こうぎょうちゅうしん》の社会《しゃかい》へとかわっていく時代《じだい》に、エジソンは生《う》まれたのだった。

蒸気機関車《じょうききかんしゃ》を
実用化《じつようか》させた

スチーブンソン

１７８１－１８４８年《ねん》

イギリス人《じん》の発明家《はつめいか》で、土木《どぼく》・機械技術《きかいぎじゅつ》者《しゃ》。炭鉱《たんこう》で技師《ぎし》としてはたらいているときに、蒸気機関車《じょうききかんしゃ》に興味《きょうみ》をもつ。

すでに、イギリス人《じん》のトレビシックが蒸《じょう》気機関車《きかんしゃ》をつくっていたが、まだ実用化《じつようか》されていなかったので、息子《むすこ》のロバートとともに会社《かいしゃ》を起《お》こし、人《ひと》や荷物《にもつ》を運《はこ》ぶことのできる蒸気機関車《じょうききかんしゃ》づくりを始《はじ》めた。そして１８２５年《ねん》、完成《かんせい》した蒸気機関車《じょうききかんしゃ》ロコモーション号《ごう》が、６００人《にん》の客《きゃく》を乗《の》せ、イギリス中部《ちゅうぶ》のストックトンとダーリントン間《かん》40キロメートルを走《はし》った。平均時速《へいきんじそく》は18キロ。これが世界《せかい》ではじめての鉄道《てつどう》だった。

その後《ご》、１８２９年《ねん》には、リバプールとマンチェスター間《かん》56キロメートルに鉄道《てつどう》がしかれ、そこを走《はし》らせる機関車《きかんしゃ》を決《き》めるレースで、スチーブンソンのロケット号《ごう》が優勝《ゆうしょう》。平均時速《へいきんじそく》22・5キロを記録《きろく》した。

夢《ゆめ》の乗《の》り物《もの》を実用化《じつようか》させたスチーブンソンは「鉄道《てつどう》の父《ちち》」とよばれている。

エジソンは子《こ》どものころ、蒸気機関車《じょうききかんしゃ》のしくみにたいへん興味《きょうみ》をもっていた。また、蒸気機関車《じょうききかんしゃ》の中《なか》で売《う》り子《こ》をしたり、車内《しゃない》で新聞《しんぶん》づくりや実験《じっけん》まで行《おこな》った。

電磁誘導《でんじゆうどう》を発見《はっけん》した
電気工学《でんきこうがく》の父《ちち》

ファラデー

１７９１－１８６７年《ねん》

イギリスのロンドンの近《ちか》くで生《う》まれる。父親《ちちおや》は鍛冶職人《かじしょくにん》で、家《いえ》はまずしく、13歳《さい》のときから製本屋《せいほんや》ではたらきはじめた。仕事《しごと》を通《とお》して、本《ほん》に書《か》いてあることに興味《きょうみ》をもち、さまざまな知識《ちしき》を得《え》た。とくに、科学《かがく》や電気《でんき》に関《かん》することがすきで、王立研究所《おうりつけんきゅうじょ》に学者《がくしゃ》の講義《こうぎ》を聞《き》きにいくようになった。

18世紀《せいき》の終《お》わりというと、かみなりなど、自然界《しぜんかい》にある静電気《せいでんき》の研究《けんきゅう》が始《はじ》まってまもないころ。静電気《せいでんき》は一瞬《いっしゅん》しか流《なが》れないし、１７９９年《ねん》にイタリアのボルタが発明《はつめい》した電池《でんち》も電気《でんき》が弱《よわ》く、それらの電気《でんき》を何《なに》かに利用《りよう》するのはむずかしかった。

１８１３年《ねん》、熱心《ねっしん》な勉強《べんきょう》のようすがみとめられて、ファラデーは有名《ゆうめい》な化学者《かがくしゃ》の助《じょ》手《しゅ》となる。１８３１年《ねん》、39歳《さい》のときに「電《でん》磁誘導《じゆうどう》」の原理《げんり》を発見《はっけん》した。磁力《じりょく》が電気《でんき》を起《お》こし、逆《ぎゃく》に電気《でんき》が磁気《じき》を起《お》こすというもので、この原理《げんり》を利用《りよう》して、発電機《はつでんき》とモーター（しくみはまったく同《おな》じ）が生《う》まれた。

エジソンは、ファラデーの原理《げんり》を、通信《つうしん》の技術師《ぎじゅつし》をしていたころに学《まな》ぶ。のちに、開発中《かいはつちゅう》だった直流《ちょくりゅう》の発電機《はつでんき》をモーターに応《おう》用《よう》して、電気機関車《でんききかんしゃ》をつくった。

動力飛行機《どうりょくひこうき》の生《う》みの親《おや》

ライト兄弟《きょうだい》

19世紀《せいき》の末《すえ》になると、陸上《りくじょう》では蒸気機関《じょうききかん》車《しゃ》や自動車《じどうしゃ》が、川《かわ》や海《うみ》では蒸気船《じょうきせん》が走《はし》るようになった。のこされた人間《にんげん》の夢《ゆめ》は、鳥《とり》のように自由《じゆう》に空《そら》をとぶこと。すでに、熱気《ねっき》球《きゅう》を改良《かいりょう》した飛行船《ひこうせん》や、グライダーでの飛《ひ》行《こう》ができるようになっていた。しかし、自《じ》由《ゆう》に空《そら》をとぶまでには、いま一歩《いっぽ》だった。

アメリカ東部《とうぶ》生《う》まれのウィルバー（1867－1912年《ねん》）とオービル（1871－1948年《ねん》）の兄弟《きょうだい》は、子《こ》どものころから機械《きかい》好《ず》きだった。最初《さいしょ》はグライダーに興味《きょうみ》をもち、やがてエンジンを積《つ》んだ動力飛行《どうりょくひこう》の実現《じつげん》を目指《めざ》し、研究《けんきゅう》を始《はじ》めた。

そして1903年《ねん》、ノースカロライナ州《しゅう》キティホークの砂丘《さきゅう》で、12馬力《ばりき》のエンジンを積《つ》んだ複葉機《ふくようき》（2枚羽根《まいばね》）での実験飛行《じっけんひこう》に成功《せいこう》。4回《かい》の飛行《ひこう》を行《おこな》い、最初《さいしょ》は12秒間《びょうかん》で約《やく》37メートル、4回目《かいめ》に59秒《びょう》、約《やく》260メートルをとんだ。

成功《せいこう》の理由《りゆう》としては、くふうを重《かさ》ね、風《かぜ》をしなやかに受《う》けとめ機体《きたい》をうかせやすい翼《よく》を生《う》みだしたこと、いつも安定《あんてい》して強風《きょうふう》がふく場所《ばしょ》を実験場《じっけんじょう》にえらんだこと、操縦《そうじゅう》技術《ぎじゅつ》をみがいたことなどがあげられる。

著者紹介
崎川範行　さきかわ のりゆき
工業化学者。1909年東京生まれ。東京帝国大学工学部応用科学科卒業。東京工業大学名誉教授、日本大学教授などを歴任。専門の応用化学のみならず、宝石や野鳥の研究家としても有名。著作に『やさしい火の科学』『新しい科学：はじめて科学を学ぶ人のために』『新しい有機化学：炭素化合物を見なおす』『科学のこぼれ話』『鳥の来る日』『パイロット三ちゃん』など。2006年死去。

画家紹介
GORIO21　ゴリオ21
イラストレーター。1989年大阪府生まれ。アメコミ風のイラストを得意とする。ゲームのイラストやグラフィックデザインの分野でも活躍中。「OMOSIROIこたつ会議9回目―笑いのメカニズム―」の宣伝用ビジュアル、『枯れない男になる30の習慣』（平澤精一）のカバーと挿絵、『「バカダークファンタジー」としての聖書入門』（架神恭介）のカバー、『幻想世界・モンスターの描き方』の挿絵を担当した。

監修――――――前島正裕《まえじままさひろ》
（国立科学博物館理工学研究部）
人物伝執筆――――八重野充弘《やえのみつひろ》
人物伝イラスト―――光安知子《みつやすともこ》
写真――――――Getty Images
編集――――――オフィス303

講談社 火の鳥伝記文庫　7

エジソン（新装版《しんそうばん》）

崎川範行《さきかわのりゆき》 文

1981年11月19日　第1刷発行
2016年12月2日　第74刷発行
2017年10月18日　新装版第1刷発行

発行者――――鈴木　哲
発行所――――株式会社 講談社
東京都文京区音羽2-12-21　郵便番号112-8001
電話　編集（03）5395-3536
販売（03）5395-3625
業務（03）5395-3615

ブックデザイン――祖父江 慎＋福島よし恵（コズフィッシュ）
印刷・製本――図書印刷株式会社
本文データ制作――講談社デジタル製作

N.D.C. 289　222p　18cm
Printed in Japan
ISBN978-4-06-149920-1

講談社《こうだんしゃ》　火《ひ》の鳥《とり》伝記《でんき》文庫《ぶんこ》　新装版《しんそうばん》によせて

火《ひ》の鳥《とり》は、世界中《せかいじゅう》の神話《しんわ》や伝説《でんせつ》に登場《とうじょう》する光《ひかり》の鳥《とり》です。灰《はい》のなかから何度《なんど》でもよみがえり、永遠《えいえん》の命《いのち》をもつといわれています。

伝記《でんき》に描《えが》かれている人々《ひとびと》は、人類《じんるい》や社会《しゃかい》の発展《はってん》に役立《やくだ》つすばらしい成果《せいか》を後世《こうせい》に残《のこ》した人々《ひとびと》です。みなさんにとっては、遠《とお》くまぶしい存在《そんざい》かもしれません。

しかし、かれらがかんたんに成功《せいこう》したのではないことは、この本《ほん》を読《よ》むとよくわかります。

一生懸命《いっしょうけんめい》取《と》り組《く》んでもうまくいかないとき、自分《じぶん》のしたいことがわからないとき、そして将来《しょうらい》のことを考《かんが》えるとき、みなさんを励《はげ》ましてくれるのは、先《さき》を歩《ある》いていった先輩《せんぱい》たちの努力《どりょく》するすがたや、失敗《しっぱい》の数々《かずかず》です。火《ひ》の鳥《とり》はかれらのなかにいて、くじけずチャレンジする力《ちから》となったのです。

伝記《でんき》のなかに生《い》きる人々《ひとびと》を親《した》しく感《かん》じるとき、みなさんの心《こころ》のなかに火《ひ》の鳥《とり》が羽《は》ばたいて将来《しょうらい》への希望《きぼう》を感《かん》じられることを願《ねが》い、この本《ほん》を贈《おく》ります。

２０１７年《ねん》10月《がつ》

講談社《こうだんしゃ》

トーマス・エジソン

Thomas A Edison